HERDER / SPEKTRUM *MEISTERDENKER*

HERDER spektrum
Band 4954

Das Buch

Hannah Arendt (1906–1975) hat ein neues politisches Denken nach Auschwitz gefordert und die Grundlagen dafür gelegt. Sie hat die Phänomene der Macht und Gewalt, der totalitären Herrschaft, der Ideologie und der menschlichen Freiheit analysiert und die Entfremdung und Isolierung in der Industrie- und Massengesellschaft kritisiert. In ihrem Gegenentwurf eines verantwortungsvollen öffentlichen Lebens trat sie für Pluralität, Freiheit und Verantwortung des politischen Handelns ein. Bekannt wurde sie in weiteren Kreisen auch als Prozeßbeobachterin beim Jerusalemer Eichmann-Prozeß mit ihrem „Bericht von der Banalität des Bösen". Antonia Grunenberg führt in die spannende Biographie der aus Deutschland über Frankreich in die USA geflohenen jüdischen Denkerin ein und zeigt, wie persönliche Erfahrung, politisches Engagement und philosophisches Denken zusammenhängen. „Die Dinge sahen anders aus, wenn sie sie betrachtet hatte. Denken war ihre Leidenschaft, und mit ihr zu denken, war eine moralische Aktivität" (Hans Jonas).

Die Autorin

Antonia Grunenberg ist Professorin für politische Wissenschaft an der Carl von Ossietzky-Universität Oldenburg und Leiterin des dortigen Hannah Arendt-Zentrums. Außerdem ist sie Gründungsmitglied des „Hannah-Arendt-Preis für politisches Denken". Sie ist Autorin mehrerer Bücher, Herausgeberin des Bandes „Einschnitte. Hannah Arendts politisches Denken heute" (1995) sowie Verfasserin zahlreicher Aufsätze, Zeitungs- und Zeitschriftenartikel.

Antonia Grunenberg

Arendt

FREIBURG · BASEL · WIEN

Gedruckt auf umweltfreundlichem,
chlorfrei gebleichtem Papier

Originalausgabe

Alle Rechte vorbehalten – Printed in Germany
© Verlag Herder Freiburg im Breisgau 2003
www.herder.de
Satz: Rudolf Kempf, Emmendingen
Herstellung: fgb · freiburger graphische betriebe 2003
www.fgb.de
Lektorat: Lukas Trabert
Umschlaggestaltung: Joseph Pölzelbauer
Umschlagmotiv: dpa
ISBN 3-451-04954-6

Inhalt

Einleitung 7

I. Das Mädchen aus der Fremde I: Eine Jugend zwischen Assimilation und Fremdheit 13
II. Die Liebe und die Welt: Heidegger und Augustinus 19
III. Das Mädchen aus der Fremde II: „Aus dem Judentum kommt man nicht heraus" 31
IV. Aus der Welt vertrieben sein: Das Pariser Exil 44
V. Totale Herrschaft als Traditionsbruch 55
VI. Auf der Suche nach dem In-der-Welt-sein 76
VII. Niemand kann die Verantwortung übernehmen ...: Adolf Eichmann 91
VIII. Die Gründung der politischen Ordnung in der Revolution 99
IX. Für eine Philosophie in der Welt 114
X. Das Politische in seinem Raum 125
XI. Eine der Welt und den Menschen verpflichtete Ethik 135
XII. Denken ohne Geländer 144

Siglen 152

Literaturhinweise zum Weiterlesen 154

Register 157

Einleitung

Im öffentlichen Bewußtsein wird Hannah Arendt weithin als Philosophin wahrgenommen, die ein großes Buch über den Totalitarismus geschrieben und mitunter streitbar zu Fragen der Zeit Stellung genommen hat.

Schaut man sich ihre Selbstauskünfte an, so trifft man auf Widersprüchliches:

In einem Brief an Karl Jaspers schreibt sie am 18. November 1945: „Seitdem ich in Amerika bin, also seit 1941, bin ich eine Art freier Schriftsteller geworden, irgend etwas zwischen einem Historiker und einem politischen Publizisten. Das letztere gilt wesentlich für Fragen jüdischer Politik" (AJ 59).

Auf die kritische Bemerkung ihres Freundes und Kritikers Gerhard Scholem, sie sei aus der deutschen Linken hervorgegangen, antwortet sie: „Wenn ich überhaupt aus etwas ‚hervorgegangen' bin, so aus der deutschen Philosophie" (NA 71). 1964 antwortet sie im Gespräch mit dem Fernsehjournalisten Günter Gaus auf seine Ansprache, sie sei eine Philosophin: „Mein Beruf – wenn man überhaupt davon sprechen kann – ist politische Theorie. Ich fühle mich keineswegs als Philosophin. Ich glaube auch nicht, daß ich in den Kreis der Philosophen aufgenommen worden bin, wie Sie freundlicherweise meinen" (FAG 44).

Tatsächlich läßt sich im Blick auf Person und Werk im nachhinein von allem etwas auffinden. Arendt ist keine Historikerin, doch haben alle ihre Texte eine historische Tiefendimension. Ereignisse und Begriffe nimmt sie in ihrer geschichtlichen Gewordenheit wahr. Sie versteht sich nicht als Philosophin, doch arbeitet sie sich ständig am philosophischen Diskurs ab. Sie ist keine Politikwissenschaftlerin, doch ist es das politische Denken im öffentlichen Raum und die politische Theorie, die sie am meisten interessieren. Sie verweigert sich den überlieferten philosophischen und politik- beziehungsweise geschichtswissenschaftlichen Denksystemen und Schulen. Heute scheint es so zu sein, daß sie insbesondere auf jüngere Forscher aus Geschichtswissenschaft, Philosophie und Politikwissenschaft nachhaltig wirkt.

Bei dieser Vielschichtigkeit von Person und Wirkungsgeschichte mag es nicht verwundern, daß auch ihre Beurteilung durch die Fachwelt gespalten ist. Bezeichnen die einen sie – unbeschadet ihrer Abwehr – als Philosophin, so sehen andere in ihr eine Außenseiterin in der Politikwissenschaft; wieder andere qualifizieren sie als existentialistische (Alfons Söllner) oder impressionistische (Hans Mommsen) Schriftstellerin.

Das vorliegende Buch wird sich in diese Debatte nicht einmischen. Meine Annäherung an Hannah Arendt verläuft vielmehr über Motive in Leben und Werk, die, keineswegs vollständig, miteinander in Beziehung gesetzt werden sollen.

Mitunter wird erst im Rückblick auf Leben und Werk sichtbar, daß in ihm bestimmte Themen immer wieder angespielt wurden. Manchmal verknüpfen sie sich zu dauerhaften Motiven. Wenn hier von der „Motivik" eines Lebens und eines Werks gesprochen wird, so nicht in der Annahme, daß Lebensziele bewußt verfolgt oder die Themen des Werks planmäßig gesetzt worden wären. Auch möchte ich nicht die „Macht des Schicksals" bemühen. Vielmehr treten manche Motive oft erst post festum hervor, zufällig hervorgebracht durch die Verknüpfung von geschichtlichen Ereignissen, Denk- und Lebensweise.

Julia Kristeva hat in ihrem Buch *Das weibliche Genie. Hannah Arendt* als Hauptmotiv Arendts „das Thema des Lebens" (DwG 28) herausgestellt. Wer genauer hinschaut, wird gewahr, daß im Arendtschen Werk mehrere Motive präsent sind.

Eines der Motive entsprang dem Umstand, daß Arendt als Jüdin geboren war. Die Existenz als Jüdin unter Nichtjuden, die Erfahrung des Vertriebenwerdens und Entwurzeltseins und die Suche nach Vergewisserung in der Welt prägen Arendts Leben und Denken immer wieder tiefgreifend. Aus der Perspektive der persönlichen Erfahrung ist der Ort der Vergewisserung kein physischer Ort: nicht die Stadt, nicht das politische Gemeinwesen, nicht die Nation, der Staat, sondern: die Freunde, die Sprache, das Denken. Im politischen Debattenraum freilich kämpft sie zum Beispiel für einen politischen Ort der Juden. Arendts immer wieder eingebrachte Interventionen zur „Jüdischen Frage" in den vierziger Jahren, vor der Gründung des Staates Israel, sind ohne ihr existentielles Engagement in dieser Frage kaum zu verstehen.

Jüdin zu sein, ist kein „Thema" für Hannah Arendt, sondern eine Grundströmung, die ihre Einstellung zu Leben und Denken prägt – und die Gestalt einer andauernden intellektuellen Herausforderung annimmt. Vielleicht mit Ausnahme ihrer Dissertation *Der Liebesbegriff bei Augustin* zieht sich diese Herausforderung durch ihr gesamtes Leben und Werk. Sie steht nicht immer im Vordergrund, aber sie ist immer präsent. In *Rahel Varnhagen* wird sie an der Biographie einer Frau dargestellt, die viele Jahre ihres Lebens brauchte, um sich als die gesellschaftliche Außenseiterin – Paria – zu akzeptieren, als die sie von der nichtjüdischen Gesellschaft ihrer Zeit gesehen wurde.

In *Elemente und Ursprünge totaler Herrschaft* geht Arendt den historischen, politischen und sozialen Hintergründen für die Paria-Existenz der europäischen Juden und die Heraufkunft eines spezifisch modernen europäischen Antisemitismus nach.

In *Eichmann in Jerusalem* stellt sie den Hauptorganisator des Massenmords an den europäischen Juden ins Zentrum und fragt, wie es möglich war, daß ein „Hanswurst" so viel vernichtende Macht ausüben konnte.

In ihrem Essay *Die verborgene Tradition* folgt sie den Spuren der untergegangenen europäisch-jüdischen Kultur in ihren herausragenden Persönlichkeiten.

Auch in ihren nicht direkt auf die jüdische Geschichte bezogenen politischen und philosophischen Schriften steht die Frage nach der politischen Existenz der Juden im Hintergrund, sei es als Erörterung über die Bewohnbarkeit der Welt nach dem Ende der totalen Herrschaft, sei es als Frage danach, wie Denken und Handeln zueinander in Beziehung stehen. Noch in ihrem postum und fragmentarisch erschienenen philosophischsten Werk *Das Leben des Geistes* bezeichnet sie ihre gedankliche Auseinandersetzung mit der Person und der Mentalität Adolf Eichmanns als Motiv für ihre Beschäftigung mit den menschlichen Tätigkeiten (Denken, Wollen und Urteilen).

Ein weiteres gedankliches Motiv, das sich vielleicht daraus begründen läßt, ist die „Verlassenheit" und die Erörterung des „Mit-Seins". Arendts Biographin Elisabeth Young-Bruehl hat dieses Motiv einmal psychoanalytisch aus dem Umstand gedeutet, daß Arendt im gleichen Jahr – 1913 – ihren Vater und ihren Großvater verlor und ihre Jugend ohne väterliche beziehungsweise großväterliche Geborgenheit verbrachte. Man muß dies nicht ausschließen; doch mir scheint, daß dieses Motiv auch in den historischen Zeitumständen begründet ist. Arendt erzählt darüber in der Figur der Rahel Varnhagen, die sich immer wieder von Gott und aller Welt verlassen sieht und doch nie aufhört, nach ihrem eigenen Selbst in einer ihr gemäßen Welt zu suchen. Verlassenheit ist der Zustand, mit dem die ins Exil Vertriebenen, wie erst recht die Insassen der Internierungs-, Konzentrations- und Vernichtungslager, tagaus, tagein konfrontiert sind. Das Motiv findet sich in den letzten beiden Teilen von *Elemente und Ursprünge totaler Herrschaft* wieder. In bewegenden Passagen des dritten Teils des Buches schildert Arendt die Atmosphäre der Weltlosigkeit in den Lagern der totalen Herrschaft und die absolute Verlassenheit der dort vegetierenden Insassen. Diese sind ihres Weltbezugs, ihres Zugangs zur Pluralität der anderen beraubt, ihrer Individualität entkleidet; ihre juristische und moralische Person ist zerstört und ihre nackte physische Existenz der Vernichtung preisgegeben.

In Arendts Kritik am Verschwinden der politischen Sphäre, die die Menschen als vereinzelte Individuen zurückläßt, findet sich das Motiv verwandelt wieder. Auch in ihrer Reflexion des Traditionsbruchs innerhalb der Moderne wird dieses Motiv berührt. Gleichzeitig wird es durch ein Gegenmotiv beleuchtet: die Hinwendung zur Welt und die Liebe. Begriffe wie „Weltzugewandtheit" und „Liebe" zur Welt entspringen unter anderem ihrer lebenslangen konfliktreichen Freundschaft mit Martin Heidegger und der kritischen Auseinandersetzung mit dessen Denken. Heideggers Philosophie des Daseins zum Tode, seine Kritik der Öffentlichkeit, seine Nichtwahrnehmung der Pluralität als einer Grundvoraussetzung des Lebens setzt Arendt eine Hinwendung zur Natalität, eine Theorie des Handelns zum Zwecke der Gründung, eine Hinwendung zur öffentlichen Sphäre antwortend entgegen. Gegenüber dem „schauenden" Denken des einsamen Philosophen bringt sie das urteilende Denken des Bürgers ins Spiel.

Ein weiteres Thema betrifft die Hermeneutik und damit die Frage, in welcher Weise man sich die Welt aneignet: erkennend, erklärend, rational deduzierend, philosophierend, handelnd, urteilend? Aus der Frage nach dem Sein und den Tätigkeiten in der Welt rührt bei Arendt ein lebenslanges Bemühen um eine neue Hermeneutik. Auf die Frage des Fernsehjournalisten Günter Gaus, wen sie mit ihren Büchern ansprechen wolle, antwortete Hannah Arendt 1964: „Wissen Sie, wesentlich ist für mich: Ich muß verstehen ... Worauf es mir ankommt, ist der Denkprozeß selber ... Und wenn andere Menschen verstehen – im selben Sinne wie ich verstanden habe –, dann gibt mir das eine Befriedigung wie ein Heimatgefühl" (IwV 46 f).

Eigenartig, denkt man unwillkürlich, daß hier der wissenschaftliche Verstehensprozeß mit einem Gefühl aus der Lebenswelt zusammengebracht wird. Was hat Verstehen mit Heimat zu tun? Man könnte das wiederum psychoanalytisch deuten. Demnach hätte Hannah Arendt, die 1933 aus Deutschland vertrieben wurde, sich im Denken eine „Ersatzheimat" gesucht. In der Selbstauskunft gegenüber Günter Gaus wird aber noch etwas anderes angesprochen: Das menschliche Denken ist der Welt verpflichtet. Die Welt verstehen, heißt in diesem Kontext, sich in die Welt urteilend und handelnd einzuschalten – im Wissen darum, daß man selbst Teil von ihr ist.

Dieses Buch wird die Entstehungshintergründe, die Motive und Argumentationslinien des Arendtschen Werkes thematisieren und veranschaulichen. Es wird Beziehungen zwischen einzelnen Werken sichtbar machen, ohne daß eine „logische Abfolge" der Werke behauptet wird.

Sofern sinnvoll, werden die Texte in ihre Zeit gestellt, d.h. ihre Historizität beleuchtet.

Arendt selbst hat ja immer wieder die Geschichtlichkeit von Begriffen herausgehoben. Sie widersetzt sich der stillschweigenden Annahme von der Evidenz unserer Begrifflichkeit und macht so die Macht des hermeneutischen Apparats in den verschiedenen Epochen sichtbar. Ihre Biographin Elisabeth Young-Bruehl bemerkt dazu: „Ihre philosophische Methode nannte sie ‚Begriffsanalyse'; ihr Ziel war herauszufinden, ‚woher Begriffe kommen'" (Y-B 439).

Als Beispiel mag hier der Begriff der Freiheit dienen, der in der griechischen Antike mit Gleichheit identisch war und in der Moderne in einen Gegensatz zu ihr tritt.

Das vorliegende Buch soll Neugier wecken und eine Offenheit für die sperrige Denkweise Hannah Arendts schaffen. Es soll Zugänge zum Werk und zur Person darstellen und Voraussetzungen für das eigene Studium des Werks von Hannah Arendt schaffen. Widersprüchliches wird dabei stehengelassen. Texte und Person sollen nicht harmonisiert werden.

Dank

Für wertvolle Anregungen danke ich Stefan Ahrens und Dieter Simon. Sarah Hemmen hat freundlicherweise das Register und die technische Fertigstellung des Manuskripts besorgt.

Kapitel I
Das Mädchen aus der Fremde I: Eine Jugend zwischen Assimilation und Fremdheit

Hannah Arendt wurde am 14. Oktober 1906 als einziges Kind des Ingenieurs Paul Arendt und seiner Frau Martha, geb. Cohn, in Hannover, Lindener Markt 2, geboren. Im Geburtsregister ist sie mit dem Vornamen Johanna eingetragen.

1909 zog die Familie, veranlaßt durch die Syphiliserkrankung des Vaters, nach Königsberg in Ostpreußen um. Syphilis war vor der Entdeckung des Penicillins eine zu Siechtum und Tod führende Krankheit, die die Familien oft ins Unglück stürzte.

In Königsberg lebten die Verwandten beider Eltern. Die Mutter fand hier für sich und ihre Tochter Unterstützung und Sicherheit durch das Netz ihrer verwandtschaftlichen Beziehungen.

Die Großeltern väterlicherseits waren gut situiert. Max Arendt war Teegroßhändler, Vorsitzender der Königsberger Stadtverordnetenversammlung, Mitglied der Fortschrittspartei und liberal gesinnt. Er arbeitete aktiv in der jüdischen Gemeinde mit. Von ihm wird das Kind in die Kunst des Geschichten-Erzählens eingeweiht, die eine so bedeutende Rolle in Leben und Werk spielen sollte.

Das Königsberger Judentum war zu jener Zeit liberal, laizistisch und staatstreu. Religion war Privatsache. Die Kinder schickte man in den Religionsunterricht und ging zu Festtagen in die Synagoge.

Hannahs Eltern nahmen als Sozialdemokraten lebhaft am politischen Geschehen Anteil. Die Mutter empfand große Sympathie für Rosa Luxemburg. Die Tochter wird später einen bedeutenden Essay über die jüdische, polnisch-deutsche Revolutionärin schreiben.

Das Königsberger Judentum war eine tragende Stütze des Lebens und des Reichtums jener Stadt. Und dennoch gab es – wie fast überall – tief verwurzelte Reibungen mit dem christlichen

Teil der deutschen Bevölkerung. Es war wie in vielen deutschen Städten um die Jahrhundertwende. Einerseits profitierten die städtischen Gesellschaften vom Reichtum der jüdischen Handelshäuser und der Kultur der jüdischen Familien, andererseits schaute das christliche Bildungsbürgertum auf die Juden herab. In den jüdischen Familien hoffte man jedoch, daß sich diese Reibungen verlieren würden, je mehr jüdische Künstler und Wissenschaftler, Pädagogen und Politiker zum Wohlergehen der deutschen Gesellschaft und des deutschen Staates beitrügen. Damals gab es für Juden im ganzen Reich Restriktionen für bestimmte Berufe. Diese Restriktionen blieben nicht immer gleich, sie hatten sozusagen ihre Konjunkturen; mal wurden sie gelockert, mal wieder verschärft. Vor allem der Weg in den Staatsdienst, in den höheren Armeedienst und die Universitäten wurde Juden immer wieder verwehrt. Auch gab es immer wieder Wellen von antisemitischen Ausbrüchen. Doch der Alltag war von jenem alltäglichen Antisemitismus geprägt, der sich verdeckt und indirekt äußert. Nur die Kinder nahmen darauf keine Rücksicht. An ihrem Verhalten konnte man die tatsächliche Feindlichkeit gegenüber den Juden ablesen.

Diese Unterströmung wird in Arendts wenigen autobiographischen Auskünften, zum Beispiel gegenüber dem Fernsehjounalisten Günter Gaus, angesprochen.

„[D]as Wort ‚Jude' ist bei uns nie gefallen, als ich ein kleines Kind war. Es wurde mir zum ersten Mal entgegengebracht durch antisemitische Bemerkungen ... von Kindern auf der Straße. Daraufhin wurde ich also sozusagen ‚aufgeklärt' ... Ich dachte mir: Ja also, so ist es ... Ich wußte zum Beispiel als Kind ..., daß ich jüdisch aussehe. Das heißt, daß ich anders aussehe als die andern. Das war mir sehr bewußt. Aber nicht in der Form einer Minderwertigkeit; sondern das war eben so" (IwV 50 f.).

Die Spannungen zwischen Juden und Nicht-Juden führten zu versteckten und offenen Feindseligkeiten, sie verstärkten aber auch das Zusammengehörigkeitsgefühl innerhalb der jüdischen Familien und Freundeskreise. Aber natürlich führten sie insbesondere bei Kindern auch zu Erfahrungen der Einsamkeit und Besonderheit, die stark nachwirkten.

„[Der] Antisemitismus ist allen jüdischen Kindern begegnet. Und er hat die Seelen vieler Kinder vergiftet. Der Unterschied bei uns war, daß meine Mutter immer auf dem Standpunkt stand: Man darf sich nicht ducken! Man muß sich wehren! Wenn etwa von meinen Lehrern antisemitische Bemerkungen gemacht wurden ... dann war ich angewiesen, sofort aufzustehen, die Klasse zu verlassen, nach Hause zu kommen, alles genau zu Protokoll zu geben. Dann schrieb meine Mutter einen ihrer vielen eingeschriebenen Briefe; und die Sache war für mich natürlich völlig erledigt. Ich hatte einen Tag schulfrei, und das war doch ganz schön. Wenn es aber von Kindern kam, habe ich es zu Hause nicht erzählen dürfen. Das galt nicht. Was von Kindern kommt, dagegen wehrt man sich selber. Und so sind diese Sachen für mich nie zum Problem geworden. Es gab Verhaltensmaßregeln, in denen ich sozusagen meine Würde behielt und geschützt war, absolut geschützt zu Hause" (IwV 52 f.).

Der mütterliche Schutz polstert die immer wiederkehrenden Fremdheitserfahrungen ab. Aus den Vereinigten Staaten schreibt Arendt 1947 an Jaspers über ihre Mutter, die seit 1941 bei ihr und Heinrich Blücher in New York lebt: „Ich verdanke ihr viel, vor allem eine Erziehung ohne alle Vorurteile und mit allen Möglichkeiten" (AJ 116).

Aber seinerzeit vermag die Mutter die Fremdheitserfahrungen nicht aufzulösen. Denn der Antisemitismus nimmt, entgegen den Erwartungen, nicht proportional zur erfolgreichen Integration des jüdischen Mittelstands ab; schon 1928 gibt es in Königsberg Ladenboykotte. Im benachbarten Rußland und Polen kommt es immer wieder zu pogromartigen Ausschreitungen. Aus Galizien und anderen polnischen, russischen und ukrainischen Landstrichen fliehen viele, die dann wegen ihrer Herkunft „Ostjuden" genannt werden, ins Deutsche Reich, auch nach Königsberg. In der Reaktion des christlichen Bürgertums auf das Einströmen der armen, gläubigen Juden aus dem Osten verstärkt sich der Antisemitismus. Genau das fürchten wiederum die ansässigen, eingemeindeten Juden, weshalb sie den von ihren Glaubensbrüdern mitgebrachten religiösen Riten und dem fremden Lebensstil selbst mißtrauisch begegnen.

Der offene und latente Antisemitismus lenkte die Aufmerksamkeit auf die Besonderheit des Judentums und auf die Nichtanerkennung durch die christliche Umgebung und führte immer wieder auch zur Abkapselung der Familien und vor allem zur Verdrängung der Juden aus dem öffentlichen Leben. Aus der Perspektive der fehlenden Anerkennung der Juden im gesellschaftlichen Leben wird vielleicht auch verständlich, warum mitten im Industriezeitalter die Familie – unter Einschluß der entfernteren Verwandtschaft – stets die eigentliche Heimat blieb.

Für Hannah Arendt, deren Familienatmosphäre durch Krankheit und Sterben des Vaters und den Tod des Großvaters geprägt war, werden später dann die Freunde zum Ersatz für die Familie. Die Freunde bilden die „Peer-Group", ein Netz von persönlichen Beziehungen, die das Leben mit tragen und im Notfall auch das Überleben sichern. In der Königsberger Zeit gehören vor allem Anne Mendelssohn sowie Ernst Grumach, Heinz Lichtenstein, Jens Litten und die Kinder der Familien Fürst und Jacoby dazu. Mit ihren Freunden verbringt sie im Sommer unbeschwerte Wochen an der Ostsee.

Auch in späteren Lebensabschnitten sind die Freunde – und der Mann – das einzig sichere Refugium. In der New Yorker Zeit zählen zu den Freunden, kurz „der Stamm" genannt, zehn bis zwanzig Personen, mit denen sie Freud und Leid, Erfolge und Mißerfolge, Verleumdungen und Lobpreisungen – und vor allem geselliges Miteinandersein teilt. In den Diskussionen mit ihrem Mann und mit ihren Freunden entstehen später die großen Bücher.

Früh schon deutet sich an, daß nicht der Staat und seine Institutionen (zum Beispiel die Schule), nicht die Nation und auch nicht die Landschaft für die junge Arendt Heimat sind. Staatliche Institutionen werden immer wieder als unzuverlässige Bundesgenossen erfahren. Selbst der zuverlässigste Bürger kann, wenn er Jude ist, seiner nicht sicher sein. Immer bleibt die Unsicherheit, von den periodischen Ausbrüchen der Feindseligkeit (z. B. Gesetze, die Juden von bestimmten Berufen ausschließen) hinweggespült oder doch zumindest beschädigt zu werden. Diese Erfahrungen, die Arendt erst im Erwachsenenalter macht, die sie aber als Kind schon an anderen erlebt, schaffen Distanz zum deutschen Staat. Dies ändert sich auch nach dem Ende des Wilhelminismus 1918 nicht grundlegend.

Verläßlicher sind, wie schon erwähnt, die Freunde, beständiger sind die deutsche Sprache und Dichtung. Den Reichtum der deutschen Dichtung kann kein Staat wegnehmen, auch im Exil bleibt diese Bindung bestehen. Ja, sie ist das einzige, was ihr in Zeiten der Vertreibung und des Massenmords vom Land ihrer Herkunft bleibt.

Immer wird Arendt auch ihre Bindung an die Welt der deutschen Philosophie behalten: Ihre Aufsätze und Bücher, ihre lebenslang vom Deutschen geprägte englische Sprache zeugen von einer engen Bindung an Sprache und Kultur Deutschlands.

Die Schulzeit in Königsberg dauert von 1913 bis 1924, in der eigenen Wahrnehmung viel zu lange. Biographen weisen auf frühe Selbständigkeit, Liebe zur griechischen Literatur und Philosophie, Wißbegier und Langeweile in der Schule hin. Die junge Arendt liest lateinisch und griechisch fließend, interessiert sich für antike Dichtung und Philosophie. Sie arbeitet aktiv in einem Lesezirkel für griechische Literatur mit. Die Philosophie des Königsberger Philosophen Immanuel Kant, die eine bedeutende Rolle in ihrem Denken spielen wird, kennt sie damals schon in- und auswendig.

Begabte Schülerinnen werden zu jener Zeit in der Regel nicht besonders gefördert; Frauen an den Universitäten und in akademischen Berufen sind eine verschwindende Minderheit. Wo jedoch die intellektuellen Herausforderungen fehlen, wird Lernen sinnlos. So wird das hartnäckige Wider-den-Stachel-löcken gegenüber schulischen Autoritäten zum Ausdruck der Rebellion gegen die Sinnlosigkeit schulischen Drills. Die Mutter fühlt das nach, versteht ihre Tochter, doch sie sorgt sich natürlich.

Der Schulverweis folgt prompt auf dem Fuße. Die begleitende Botschaft lautet: Wer die Disziplin verletzt, hat nichts an der Schule zu suchen. Doch es gelingt, diese Demütigung in einen Sprung in die Freiheit zu verwandeln. Mit Hilfe von Verwandten und Freunden gelangt die Oberschülerin nach Berlin und besucht dort Seminare und Vorlesungen an der Humboldt-Universität, unter anderem bei dem jungen Philosophen Romano Guardini. Sie erhält Privatunterricht und arbeitet selbständig. Wiederum durch Vermittlung wird sie schließlich 1924 als Externe zum Abitur an der gleichen Schule zugelassen, von der sie vorher verwiesen worden war. Das bedeutete im Klartext: Prüfung unter erschwerten Bedingungen. Aber wie eine gute Schwimmerin zieht sie an allen vorbei. Ihr wird eine Goldmedaille für ausgezeichnete Leistungen verliehen.

Wollte man über prägende Eindrücke in Kindheit und Jugend sprechen, so gehören sicher die frühe Erfahrung des Verlassenseins, die gesellschaftliche Atmosphäre des latenten wie auch offenen Antisemitismus und die Erfahrung der eigenen Besonderheit, auch in der Familie dazu. Die Spuren, die diese Prägungen hinterlassen, ziehen sich, bedingt durch die Zeitumstände und die Ereignisse einerseits und die eigenen Entscheidungen andererseits, durch Arendts Leben.

Kapitel II
Die Liebe und die Welt:
Heidegger und Augustinus

Im Versailler Friedensvertrag 1919 wurden Deutschland und seine Verbündeten als Urheber für alle Verluste und Schäden, die im Krieg entstanden waren, bezeichnet und dafür verantwortlich gemacht. Dieses Urteil brachte neben den erheblichen Reparationen, die zu leisten waren, auch andere Verluste für das Deutsche Reich mit sich: Elsaß-Lothringen fiel an Frankreich, Posen und Westpreußen an Polen; das Memelgebiet wurde unter alliierte Kontrolle gestellt und Danzig zur „freien Stadt" erklärt und in das polnische Zollsystem eingegliedert. Ein Jahr später fiel durch Volksabstimmung Eupen-Malmedy an Belgien; Nordschleswig wurde zwischen Dänemark und Deutschland geteilt. Das Saarland wurde (bis 1935) dem Völkerbund unterstellt, und last but not least mußte Deutschland all seinen Kolonialbesitz abgeben. 1923 besetzten französische Truppen zudem das Rheinland und fügten der „nationalen Demütigung" durch die Bestimmungen des Versailler Friedensvertrags eine weitere hinzu. Wieder flammten bürgerkriegsähnliche Zustände auf, diesmal im Rheinland.

Die Auswirkungen der wirtschaftlichen Sanktionen zeigten sich in einer dramatischen Inflation, in wirtschaftlicher Not und Massenarbeitslosigkeit. Nicht zuletzt wirkte die Gewalt des Krieges nach dessen Ende in die Gesellschaft und die Mentalitäten der Bürger hinein. Für Jahre prägten bürgerkriegsähnliche Zustände das politische Leben und auch den Alltag.

Nationale revanchistische Bewegungen schossen in jenen Jahren gleichsam wie Pilze aus dem Boden. Die nationalsozialistische Bewegung, gestützt von illegalen Offizierskreisen und anderen völkischen Verbindungen, verhieß Vergeltung für die nationale

Schmach und rief zur Ermordung der „Erfüllungspolitiker" auf, die den Ausgleich mit den Siegermächten suchten. Die Politiker Matthias Erzberger (1921) und Walter Rathenau (1922) fielen Mordanschlägen zum Opfer. Das öffentliche politische Leben war in feindliche Lager gespalten.

Auch die kommunistische Partei war gegen den Versailler Friedensvertrag; sie versprach Lösung der sozialen Not durch die Enteignung des Großkapitals und die Errichtung einer proletarischen Diktatur. Am Horizont stand wie ein großes Heilsversprechen die Sowjetunion, das neue „Paradies der Werktätigen", das aus dem verlorenen Krieg 1918 hervorgegangen war. Als Vorbild kommender revolutionärer Kämpfe in Deutschland war die Sowjetunion bei der radikalen Linken sehr bald omnipräsent.

Die elementaren Erschütterungen des politischen wie des wirtschaftlichen Lebens wirkten auch in Kultur und Wissenschaften hinein. Die Aufbruchsstimmung in den Jahren um die Jahrhundertwende herum hatte zwar die Universitätsphilosophie, läßt man einmal Edmund Husserl, Karl Jaspers und Martin Heidegger beiseite, nicht wirklich berührt, doch hatte sie umso mehr auf Kunst und Literatur eingewirkt. Schon vor dem Ersten Weltkrieg hatten die moderne Kunst, Literatur und Musik gegen die überkommenen Traditionen rebelliert. Im Expressionismus, in der DADA-Bewegung, im Aufbrechen traditionsgesättigter poetischer und musikalischer Strukturen – in der Zwölftonmusik – kündigte sich schon seit den neunziger Jahren des 19. Jahrhunderts ein revolutionärer Wandel an.

In Philosophie und Geisteswissenschaften herrschte dagegen auch nach dem Ende des Krieges noch eine Art postmetaphysische Abenddämmerung. Die Philosophien des 18. und 19. Jahrhunderts waren an ein Ende gelangt, ohne daß eine neue philosophische Inblicknahme der Welt schon erschienen wäre. Nach wie vor lehrten unangefochten Neo-Kantianer neben Neo-Hegelianern, Neo-Platoniker neben modischen Weltanschauungsphilosophen.

Natürlich teilte sich die allgemeine Umbruchstimmung auch denen mit, die ein Universitätsstudium absolvieren wollten.

Als Hannah Arendt 1924 zu studieren begann, herrschten noch immer unruhige Zeiten. Zwar zeigten sich erste Anzeichen einer wirtschaftlichen Erholung, der Bürgerkrieg schien vorerst beendet, doch niemand wußte, ob er nicht wiederkehren würde. Schon in Königsberg hatte sich Arendt mit ihren Freundinnen und Freunden darüber unterhalten, wo man am besten studieren konnte und welche akademischen Lehrer interessant waren. Arendt und ihr Königsberger Freundeskreis waren anspruchsvoll. Mit der Hellsichtigkeit hochbegabter, in der antiken Philosophie bewanderter junger Menschen wußten sie Epigonentum von authentischem Denken zu unterscheiden. Und wo auch immer das Versprechen „ad fontes" auftauchte, war ihre Aufmerksamkeit geweckt.

Im Rückblick schreibt Arendt über jene bewegte Zeit:

„Es gab damals, nach dem Ersten Weltkrieg, an den deutschen Universitäten zwar keine Rebellen, aber ein weitverbreitetes Unbehagen an dem akademischen Lehr- und Lernbetrieb in all den Fakultäten, die mehr waren als bloße Berufsschulen, und bei all den Studenten, für die das Studium mehr bedeutete als die Vorbereitung auf den Beruf. Philosophie war kein Brotstudium, schon eher das Studium entschlossener Hungerleider, die gerade darum recht anspruchsvoll waren. Ihnen stand der Sinn keineswegs nach Welt- oder Lebensweisheit, und wem an der Lösung aller Rätsel gelegen war, dem stand eine reichliche Auswahl in den Angeboten der Weltanschauungen und Weltanschauungsparteien zur Verfügung; um da zu wählen, bedurfte es keines Philosophiestudiums. Was sie nun aber wollten, das wußten sie auch nicht. Die Universität bot ihnen gemeinhin entweder die Schulen – die Neu-Kantianer, die Neu-Hegelianer, die Neo-Platoniker usw. – oder die alte Schuldisziplin, in der Philosophie, säuberlich in Fächer aufgeteilt als Erkenntnistheorie, Ästhetik, Ethik, Logik und dergleichen, nicht so sehr vermittelt als durch bodenlose Langeweile erledigt wurde" (MfZ 173).

Die deutsche Professorenschaft war damals konservativ und dachte national. Einzelne Lichtgestalten wie der 1920 gestorbene Max Weber oder sein Bruder Alfred Weber ragten heraus, ohne daß sie den Gesamteindruck hätten verändern können. Die begeisterte Zustimmung namhafter Geisteswissenschaftler zum Kriegseintritt des Deutschen Reichs, die erst sehr spät einer nüchternen Sicht der Dinge gewichen war, ließ die Hochschulen auch nach dem Ende des Krieges in jener nationalistischen Stimmung verharren, in die sie weit vor Beginn des Krieges verfallen waren. Auch wenn einige Professoren dann an der Schaffung der ersten deutschen demokratischen Verfassung mitwirkten, änderte das doch wenig am Gesamtbild.

Und wie immer in Zeiten der Krise und der Unsicherheit blühte der Antisemitismus. Die Lagerbildung im politischen Raum, zu der die erbitterten Straßenkämpfe zwischen Kommunisten und Nationalsozialisten ebenso gehörten wie die gegenseitigen Haßtiraden zwischen rechten und linken Studentengruppen, vergiftete die öffentliche Atmosphäre. Wer intellektuell etwas auf sich hielt, ließ sich auf diese Niederungen nicht ein. Viele kluge junge Wissenschaftler interessierten sich demonstrativ nicht für das politische Geschehen. Dessen antagonistische Zerklüftungen erschienen ihnen ebenso borniert wie – in ihrer Gewalttätigkeit – abstoßend. Sie lehnten es ab, sich auf die schwache Republik einzulassen. Diese Abstinenz von der Teilnahme am politischen Leben drückte sich in intellektueller Verachtung für die Politik aus, ganz so wie es für das deutsche Bildungsbürgertum des 19. und frühen 20. Jahrhunderts, mit dem die jungen Leute in den zwanziger Jahren nun ganz gewiß nichts zu tun haben wollten, typisch war. Zwar hatte Thomas Manns öffentlich zelebrierter „Übertritt" aus dem nationalen in das republikanische Lager 1922 auch in der intellektuellen Szenerie einiges Aufsehen erregt, aber er blieb doch ohne große Wirkung.

Unter jüdischen Jugendlichen, die sich zunehmend in eigenen Jugendgruppen zusammenfanden, wurden die zionistischen Lehren Alexander Herzls heftig und zustimmend diskutiert. Im Unterschied zu ihren Eltern war die junge Generation skeptisch bis ablehnend gegenüber dem Assimilationskurs der älteren Generation. Das „Projekt Palästina" als Alternative zum Erdulden des Antisemitismus in fast allen europäischen Ländern nahm kon-

krete Gestalt an. Manche Familien w[...]
gration. Diese sollte, so das Versprech[...]
„Jishuv", in das jüdische Volk, werden. [...]
Versprengtheit über die ganze Welt sollten [...]
giöse und politische Heimat haben. Die Zio[...]
den Auftrag, diese Heimat aufzubauen.

Hannah Arendt zog zum Wintersemester 19[...]
burg, um dort evangelische Theologie, Philosoph[...] ...ni-
sche Philologie zu studieren.

Es gab damals auch andernorts vereinzelt interessante Lehrer wie zum Beispiel Edmund Husserl in Freiburg, den Lehrer der Rückkehr zu den Dingen, ein Kritiker der metaphysischen Denkrichtungen. Es gab außerdem in Heidelberg einen begabten jungen Mediziner, der zur Philosophie gewechselt war und von der Zunft der Philosophen mit scheelen Augen angesehen wurde: Karl Jaspers.

Die Wahl der Fächer war für Arendt wohl naheliegend: In Philosophie und griechischer Philologie hatten schon in der Schule ihre Stärken gelegen, aber warum evangelische Theologie? Offensichtlich sah die junge Arendt die Theologie nicht nur als Religionswissenschaft, sondern in jener mittelalterlichen Tradition als der Philosophie eng verwandt. Ein Teil der Philosophen sah dies ebenso. Der Studienort Marburg hatte darüber hinaus auch noch Lehrerpersönlichkeiten wie Rudolf Bultmann und Nicolai Hartmann zu bieten. Und außerdem gab es dort eben diese eine besondere Attraktion:

„Das Gerücht sagte es ganz einfach: Das Denken ist wieder lebendig geworden, die totgeglaubten Bildungsschätze der Vergangenheit werden zum Sprechen gebracht, wobei sich herausstellt, daß sie ganz andere Dinge vorbringen, als man mißtrauisch vermutet hat. Es gibt einen Lehrer; man kann vielleicht das Denken lernen" (MfZ 174 f.).

Im Rückblick formuliert Hannah Arendt hier die Faszination ihrer Generation wie ihre ureigene. Nach Jahrzehnten eines nicht wirklich vollzogenen Abschieds von der Metaphysik und der gleichzeitigen Suche nach ihrer Wiederbegründung legte dieser junge

Vorlesungen eine Ontologie des Daseins frei, die sich erst der Metaphysik den Boden entzog. Aber vor allen Dingen: Dieser Lehrer, Martin Heidegger, verstand es, die Vergangenheit zur Gegenwart zu machen und die alten Griechen so zu lesen, daß sie als ganz Gegenwärtige erschienen. Damit wurde er selbst „[d]er heimliche König im Reich des Denkens, das, durchaus von dieser Welt, doch so in ihr verborgen ist, daß man nie genau wissen kann, ob es überhaupt existiert, dessen Bewohner aber dann doch zahlreicher sind, als man glaubt. Denn wie könnte man sich sonst den einmaligen, oft unterirdischen Einfluß Heideggerschen Denkens und denkenden Lesens erklären, der so weit über den Kreis der Schüler und über das, was man gemeinhin unter Philosophie versteht, hinausgeht" (MfZ 175).

Kurz: In Heideggers Vorlesungen trat man in ein philosophisches Zauberreich mit der ihm eigenen Sprache, Vorstellungswelt, Gestik, und Kultur des Denkens ein.

Die Namen der Hörer von Heideggers Vorlesungen und Kollegien nehmen sich aus wie ein *Who is Who?* der Denkwerkstätten des 20. Jahrhunderts: Hans-Georg Gadamer, Max Horkheimer, Fritz Kaufmann, Herbert Marcuse, Hans Jonas, Karl Löwith, Benno von Wiese ... Auch Arendts Freund aus Königsberger Tagen, Ernst Grumach, hört bei Heidegger.

Arendt besucht also im WS 1924/25 Heideggers Vorlesung über den „Sophistes" von Platon. Sie ist 18 Jahre alt, eine bildschöne junge Frau, deren Attraktivität von einem exotischen Flair getragen wird. Keine blonde Schönheit, obwohl sie aus dem fernen Nordosten des Reiches kommt, sondern eine dunkelhaarige, scheue Person mit einem klar geschnittenen ovalen Gesicht, hoher Stirn und strahlenden Augen, deren wacher Geist für ihre Lehrer deutlich erkennbar ist. Sie bringt hervorragende Grundlagen für ihr Studium mit. Sie kennt die antike Philosophie und Dichtung, hat Kant gelesen. Vor allem aber hat sie mit Gleichgesinnten darüber diskutiert, das heißt, sie hat vertieftes Wissen.

Der Eindruck, den Martin Heidegger als Lehrer und als Mann bei der jungen Studentin hinterläßt, ist unauslöschlich. Im gleichen Winter verliebt sich die gerade 18jährige in ihn. Es war eine Liebe, die sie bis an das Ende ihres Lebens nicht losließ.

Über die lebenslange Anziehungskraft zwischen Lehrer und Studentin ist nach 1945 viel gerätselt worden. Dies vor allem, weil Martin Heidegger sich mit den Nationalsozialisten einließ und Hannah Arendt Jüdin war. Seit dem Erscheinen des Briefwechsels zwischen Arendt und Heidegger im Jahre 1998 ist es möglich, darüber begründeter zu urteilen. Über das moralisch Anstößige der Beziehung – die Abhängigkeit der Studentin von ihrem Professor, die Jüdin und der völkisch gesinnte Philosoph, dessen Ehefrau erklärte Antisemitin war – soll hier nicht gesprochen werden, wohl aber über die gegenseitige Anziehungskraft, die bisher kaum im Vordergrund stand.

Man kann sich unschwer vorstellen, was den jungen Heidegger, er war damals in seinen Dreißigern und am Anfang einer glänzenden Karriere, an der jungen Studentin faszinierte. Es war jene seltene Mischung aus Schönheit, Klugheit, Ausstrahlung, Scheu und Selbstbewußtsein. Doch was faszinierte Arendt an Heidegger? Gewiß kann man sich leicht erklären, wie eine junge, hochintelligente Frau sich in einen fast doppelt so alten charismatischen akademischen Lehrer verliebt. Zeitgenossen beschreiben die junge Studentin als scheu und zugleich entschieden, als exotisch schön und verschlossen, als faszinierend und fasziniert vom Denken dieses „heimlichen Königs" der Philosophie.

Besonders scheint Heideggers deutliche Absetzung von den üblichen akademischen Gepflogenheiten, die von der jungen Generation ohnehin als verstaubt angesehen wurden, auf Arendt gewirkt zu haben. Der junge Heidegger, von mittlerem Wuchs und sportlich, hatte einen markanten Kopf und durchdringende, oft in weite Ferne gerichtete Augen. Er verachtete den universitären Alltag. Er sprach anders, als es im philosophischen Betrieb üblich war, er verhielt sich anders, er kleidete sich einfach und ländlich. Ihn umwehte – auf eine ganz andere Weise als die junge Studentin – eine Aura des Außergewöhnlichen.

Man liegt sicher nicht ganz falsch, wenn man annimmt, daß es die Mischung aus intellektueller Rebellion und persönlicher Ausstrahlung war, die Arendt so an Heidegger faszinierte. Und vice versa wird es die Mischung aus persönlicher Ausstrahlung und intellektueller Neugier gewesen sein, die Heidegger so an seiner Studentin faszinierte.

In Absetzung – und diese artikulierte der junge Philosophiedozent immer wieder deutlich – zu den damals herrschenden Schulen (zum Beispiel den Neokantianern Rickert und Windelband) ging Heidegger hinter die Metaphysik zurück. Radikaler als sein Lehrer Edmund Husserl stellte er die überkommenen Sinnstiftungen des philosophischen Denkens in Frage. Die systemische und nach-systemische Philosophie konfrontierte er mit einer philosophischen Frageweise, die die scheinbar letzten Dinge – zum Beispiel die wechselseitige Bedingtheit von Sein und Nichts – ins Zentrum stellte, ohne den Anspruch auf eine neue Definition des Seins zu stellen.

In der Rückschau gesehen, werden in dieser Zeit bei Arendt Maßstäbe gesetzt. In der Marburger und der Heidelberger Zeit entstehen Grundlagen für das eigene Denken. Heidegger setzt diese Maßstäbe und Arendt eignet sie sich, durchaus schon widersprechend, an. Ihr ganzes Leben lang wird sie diesen tiefen Eindruck, den der Philosoph und sein Denken auf sie gemacht haben, verarbeiten, verändern oder verwerfen.

Die leidenschaftliche Beziehung dauert nur etwa zwei Jahre. Dann wird sie von Heidegger beendet. Der Briefwechsel gibt – auch wenn in ihm mehrheitlich nur die Heideggerschen Briefe enthalten sind – beredten Ausdruck über die Schwierigkeiten, mit denen die junge Arendt zu kämpfen hat, die Demütigungen und den Willen, diese Verletzungen in intellektuelle Herausforderungen zu verwandeln.

Auch in anderer Hinsicht werden in dieser Zeit Maßstäbe gesetzt. Hannah Arendts Leben, Denken und Arbeiten, Freizeit und Studium findet in einem Netzwerk von Freunden statt. Es sind dies in Marburg und Heidelberg: Ernst Grumach, der Freund aus Königsberger Tagen, dem sie bei der Fertigstellung seiner Dissertation hilft, Hans Jonas, Benno von Wiese; es kommen der Philosoph und Publizist Günther Stern, (der sich später als Journalist Günther Anders nennen wird) und vor allem Karl Jaspers als akademischer Lehrer hinzu. Das Netzwerk ist nicht rein akademisch: Es gehören auch Anne Mendelssohn (Weil), Käthe Fränkel und viele andere dazu, die sie ein ganzes Leben lang begleiten. Und schließlich ist da noch Kurt Blumenfeld, der Freund, der ihr den Zionismus nahebringt. Auch diese Freundschaft hält ein Leben lang.

Das Netzwerk der Freundinnen und Freunde schützt die junge Frau, gibt ihr Geborgenheit und bereichert sie. Freundschaft als eine Form der Liebe spielt in ihrem Leben und Werk eine bedeutende Rolle. Umso schockierter ist Hannah Arendt, als sich einige der männlichen Freunde (vor allem Martin Heidegger und Benno von Wiese) dem Nationalsozialismus 1933 – zumindest vorübergehend – anschließen.

Auf Drängen ihres Lehrers Heidegger wechselt Arendt 1925 für ein Semester nach Freiburg zu Heideggers Lehrer Edmund Husserl, um dann nach Heidelberg zu gehen. Dort soll sie bei Karl Jaspers promovieren. Auch dorthin hatte Heidegger sie geschickt, zu seinem Freund und „Kampfgefährten" Karl Jaspers, auch jener ein Außenseiter in der Philosophie.

Zwei Texte aus dieser frühen Zeit dokumentieren den Einfluß des Lehrers. Der Text *Schatten* und die Dissertation *Der Liebesbegriff bei Augustin*.

Schatten ist ein Text, den die 18jährige im April 1925 bei einem Aufenthalt in Königsberg schrieb und ihrem Geliebten Heidegger widmete. Der Titel bezieht sich auf Platons Höhlengleichnis, das Heidegger in seiner Vorlesung im Wintersemester 1924/25 ausgelegt hatte. Es handelt sich um eine Selbstanalyse auf der Basis von Heideggers Seinsphilosophie. Im Versuch, die existentielle Erschütterung ihrer Liebeserfahrung zu begreifen, überträgt sie Heideggers Wort von der „Philosophie als Selbstbekümmerung" auf ihr eigenes Schicksal.

Es ist ein ungelenker, zwischen der Unmittelbarkeit der Gefühle und angestrengten gedanklichen Abstraktionsversuchen hin und her laufender Text. Die Schwierigkeit im Umgang mit den eigenen Gefühlen wird schon in der Verwandlung des erzählerischen Ich in eine „sie" deutlich.

In diesem Text schildert Arendt ihre innere Gespaltenheit „in Hier und Jetzt und Dann und Dort" (Sch Bl. 1). Sie spricht von der „wahren Leidenschaft zu Absonderlichem". Von dem Erstaunen über die alltäglichen Banalitäten ist die Rede.

Im Zentrum des Textes steht eine allgewaltige Angst: „Eine tierische Angst, sich zu bergen, da sie sich nicht schützen wollte und konnte, verbunden mit fast sachlich abwägender Erwartung irgend einer Rohheit machten ihr die einfachsten, selbstverständlichsten Dinge des Lebens mehr und mehr unmöglich." Angst taucht in den seltsamsten Formen auf: als „Angst vor der Wirklichkeit", der „Angst war sie verfallen", „Angst vor dem Dasein" überhaupt, „Verfallensein an die Angst". Aber sie schreibt auch von der „starre(n) Hingegebenheit an ein Einziges", von Sucht und Leidenschaft (Sch Bl. 4).

Der Text ist ein Dokument der Unebenheit, seine Verfasserin versucht, ihre schwankende Befindlichkeit in den Termini des Heideggerschen Denkens wiederzugeben. Das Bild, das sich aus ihm zusammenfügt, ist das einer jungen Frau, die sich angesichts ihrer ersten tiefen Leidenschaft selbst unheimlich geworden ist, die, von depressiven Stimmungen geplagt, aus der Bahn des Alltäglichen, hier: des Studiums und der Freundschaft mit Altersgenossen, geworfen ist.

Nur implizit wird in diesem Text die Außenseiterstellung der Autorin als Frau und Jüdin angesprochen. Doch die Phänomene sind ähnlich: das Bewußtsein der eigenen Besonderheit, die Einsicht, „nirgends und niemals dazu" zu gehören, die Angst vor der Schutzlosigkeit ... Es ist ein aufschlußreicher Text, wenn man seine ungelenken Verkapselungen metaphorisch versteht.

Wie sehr sich die junge Frau von ihrem Geliebten intellektuell herausgefordert sieht und wie sehr sie versucht, ihre Verletzungen in intellektuelle Anstrengungen zu verwandeln wird sehr anschaulich in einem Brief, den sie anläßlich eines Wiedersehens, über zwei

Jahre nach ihrem Weggang aus Marburg, an Heidegger schreibt: „Heidelberg, 22. April 1928: Was ich Dir jetzt sagen will, ist eine au fond sehr nüchterne Schilderung der Situation. Ich liebe Dich wie am ersten Tag – das weißt Du –, und das habe ich immer, auch vor diesem Wiedersehen, gewußt. Der Weg, den Du mir zeigtest, ist länger und schwerer als ich dachte. Er verlangt ein ganzes langes Leben" (AH 65).

Ihre Dissertation *Der Liebesbegriff bei Augustin. Versuch einer philosophischen Interpretation* schloß Arendt mit 22 Jahren ab. Im November 1928 wurde sie in Heidelberg mit dieser Arbeit bei Karl Jaspers promoviert. 1929 erschien die Arbeit als Heft 9 in der von Jaspers herausgegebenen Reihe „Philosophische Forschungen" beim Springer Verlag in Berlin.

Wie Arendt einleitend darlegt, will sie die widersprechenden Facetten im Denken des Augustin herausarbeiten; vor allem will sie – am Beispiel des Liebesbegriffs – seine Verwurzelung im griechischen Denken und in der Kultur seiner Zeit nachweisen, die in der Überlieferung hinter seine kirchendogmatischen Leistungen zurückgetreten ist. Der Augustin, der in ihrem Text erscheint, ist also eine Doppelgestalt, ein Denker der Nach-Antike und ein früher Kirchenvater, dessen Durchdringung der antiken Philosophie ihm eine die Welt transzendierende, und doch in ihr präsente, Begründung der Liebe ermöglichte.

Ihren eigenen Denkweg in der Dissertation beschreibt Arendt in der Einleitung:

„Die Arbeit bietet drei Analysen. Die erste Analyse beginnt mit dem amor, verstanden als appetitus, der einzigen Definition, die Augustin von dem amor gegeben hat. Am Ende der Analyse in der Darstellung der ordinata dilectio sehen wir, zu welchen Unstimmigkeiten diese Definition im Sinne Augustins selber führt und sind so gezwungen, zu einem ganz anderen Begriffszusammenhang fortzuschreiten, der in einem eigentümlich peripheren und aus der ersten Analyse nicht verständlichen Sinn in die versuchte Herleitung der Nächstenliebe aus dem amor qua appetitus schon hereinspielt. Auch die zweite Analyse läßt nur verständlich werden, als was der Nächste in der dilectio proximi geliebt wird, und erst die dritte Analyse hellt die Unstimmigkeit der zweiten auf, die sich in der Frage pointiert, wie kann der von allem Welthaften isolierte Mensch coram Deo überhaupt noch ein Interesse am Menschen haben. Dies tut sie, indem sie aus einem ganz anderen Zusammenhang die Relevanz des Nächsten erweist" (AA 5 f.).

Des Rätsels Lösung ist, daß Augustin über einen ganz weltlichen Begriff des Lebens verfügt.

Im Rückblick erscheinen in dieser ersten veröffentlichten Schrift einige Konturen späterer Denkschwerpunkte, so zum Beispiel die mitunter polemische Auseinandersetzung mit dem Christentum, dessen Dogmatikern sie vorhält, die Weltzugewandtheit des Lebens bekämpft und zerstört zu haben. Auch wird in Ansätzen deutlich, wie Arendts Hinwendung zu der Kategorie der „Mit-Welt" und des Miteinanders von Menschen entstand.

Stellt man die Dissertation in den Zusammenhang des Werkes, so fällt auf, daß Arendt schon hier mit der räumlichen und zeitlichen Gebundenheit von Begriffen arbeitet, eine Frucht ihres Studiums bei Heidegger.

Es ist auf der anderen Seite nicht abwegig anzunehmen, daß sie dieses Thema nicht zufällig wählte. Es liegt schon ein merkwürdiges Zusammentreffen darin, daß die junge Arendt das Thema, das sie zu ihrem Lebensmotiv gewählt hatte, nun auch in philosophischer Form behandelte. So könnte man denn diese Arbeit auch als Versuch bewerten, die schmerzvolle irdische Liebe philosophisch zu ergründen und damit ihre irdische Form zu überwinden.

Die Aufnahme des Buches durch die Rezensenten war geteilt. Auch der Doktorvater Jaspers war nicht recht überzeugt, hielt aber große Stücke auf die Autorin. So große Stücke, daß er sie mit einem Gutachten sowohl für ein Dissertationsstipendium bei der „Notgemeinschaft der Deutschen Wissenschaft" als auch für ein Nachfolgestipendium für das als nächstes geplante Buch über die Kulturgeschichte des deutschen Judentums im 19. Jahrhundert am Beispiel des Lebens der Rahel Varnhagen unterstützte.

Kapitel III
Das Mädchen aus der Fremde II:
„Aus dem Judentum kommt man nicht heraus"

Ende 1932 sandte Karl Jaspers seiner Schülerin Hannah Arendt seine neueste Schrift zu. Sie trug den Titel *Max Weber. Deutsches Wesen im politischen Denken, im Forschen und Philosophieren* und war im gleichen Jahr in Jaspers' Geburtsstadt Oldenburg erschienen.

Am 1. Januar 1933, nachdem sie das Buch gelesen hatte, schreibt die 26jährige Arendt an ihren Lehrer:

„Für mich ist Deutschland die Muttersprache, die Philosophie und die Dichtung. Für all das kann und muß ich einstehen. Aber ich bin zur Distanz verpflichtet, ich kann weder dafür noch dagegen sein, wenn ich den großartigen Satz Max Webers lese, zur Wiederaufrichtung Deutschlands würde er sich auch mit dem leibhaftigen Teufel verbünden. Und in diesem Satz scheint mir gerade das Entscheidende offenbar zu sein."

Jaspers antwortet ihr zwei Tage später: „Was ist das nur für eine fatale Sache mit dem deutschen Wesen! Es ist mir wunderlich, daß Sie als Jüdin sich vom Deutschen unterscheiden wollen ...

Ich schließe das deutsche Wesen nicht wie eine Gattung gegenüber anderen Gattungen aus. Es ist kein zu Subsumptionen geeigneter Allgemeinbegriff, sondern eine unbestimmte geschichtliche Totalitätsintention. Wenn ich sage, deutsches Wesen sei Vernünftigkeit usw., so sage ich nicht, Vernünftigkeit sei nur deutsch ..."

Arendt entgegnet am 6. Januar:

„Ich habe vielleicht nicht verstanden, was Sie mit geschichtlicher Totalintention (sic! – AG) meinen. Ich habe es so aufgefaßt, daß dieses Wesen sich in der Geschichte jeweils verwirklicht. Es bliebe also, trotz seiner wesentlichen Unbestimmt-

heit, doch etwas Absolutes, von der Geschichte und dem deutschen Schicksal nicht Antastbares. Hiermit kann ich mich nicht identifizieren, weil ich an mir selbst sozusagen nicht die Bezeugung ‚deutschen Wesens' habe.
Ich bin natürlich dennoch eine Deutsche in dem Sinne, den ich schon schrieb. Nur kann ich das geschichtlich politische Schicksal nicht einfach hinzufügen.
Ich weiß zu genau, wie spät und wie lückenhaft die Juden daran beteiligt worden, wie zufällig sie schließlich in die damals fremde Geschichte hineingekommen sind" (AJ 52-55).

Aus diesen Worten spricht eine selbstbewußte junge Frau, die um die Geschichte ihres Volkes und die fehlgeschlagene „deutschjüdische Symbiose" weiß. Jaspers spricht sie hingegen als seinesgleichen an. Da er Demokrat ist, ist Hannah Arendt für ihn selbstverständlich Mitglied des deutschen Volkes; sie partizipiert somit am deutschen Wesen, ja repräsentiert es mit. Arendt hingegen weist diesen Versuch, die jüdische Emanzipation als faktisch gelungen anzusehen, entschieden zurück. Sie beharrt auf der individuellen und kollektiven Besonderheit.

Dieser kurze Austausch von Argumenten über „das deutsche Wesen" ist sowohl für die damalige Debatte über deutsche Identität bis weit in liberale Kreise hinein charakteristisch wie auch für den Weg, den Hannah Arendt seit Ende der zwanziger Jahre einschlägt. Dieser Weg ist freilich ohne den Einfluß ihres Freundes Kurt Blumenfeld nicht zu erklären. Arendt hatte Blumenfeld anläßlich seines Vortrags in Heidelberg 1926 kennengelernt. Blumenfeld stammte wie sie aus Königsberg, war jedoch über 20 Jahre älter, daher hatte sie ihn nicht in Königsberg getroffen, wo er zu den Mitbegründern eines zionistischen Studentenvereins gehörte. Zu der Zeit, als Arendt ihn kennenlernte, war er Präsident der zionistischen Vereinigung für Deutschland. Sein Verhältnis zum Judesein in Deutschland, zu deutscher Literatur und Dichtung wie auch seine Kenntnis der griechischen Antike verbanden Arendt mit ihm ein Leben lang. Von Blumenfeld erfuhr sie viel über Geschichte und Wirken des Zionismus. Die Freundschaft mit ihm mag Arendt auch angeregt haben, sich nach ihrer Dissertation in die Geschichte der deutsch-jüdischen Assimilation zu vertiefen. Kaum eine Person verkörperte das Auf und Ab der deutsch-jüdischen Assimilationsgeschichte besser als Rahel Varnhagen.

Rahel Varnhagen war „meine wirklich beste Freundin, die nur leider schon seit hundert Jahren tot ist", schreibt Hannah Arendt am 12. August 1936 von einer Reise nach Genf an ihren späteren Mann Heinrich Blücher. Zu dieser Zeit lebt sie schon drei Jahre im Pariser Exil. Nach Jahren der praktischen Aktivität, in denen sie sich um das eigene Überleben und die Rettung jüdischer Jugendlicher sorgte, beschäftigt sie sich nun wieder mit dem Manuskript ihres Buches über Rahel Varnhagen, das sie 1929 in Berlin begonnen hatte. Als sie 1933 aus Berlin und Deutschland fliehen mußte, war das Buch fast fertig gewesen, doch mit den Erfahrungen des Exils fühlte sich Arendt gedrängt, einen neuen Schluß zu schreiben. Unter anderem für die beiden Schlußkapitel, die dann 1938 niedergeschrieben wurden, ist das Buch berühmt geworden.

Das Manuskript des Varnhagen-Buches, das sie auf ihre Flucht mitnahm, umfaßte 11 Kapitel. Zwei weitere Kapitel, knapp 25 Seiten, kommen nun hinzu.

Das Buch vom Genre her einzuordnen, fällt nicht leicht. *Rahel Varnhagen* ist ein Jugendwerk. Es dauerte über zwanzig Jahre, bis das Buch über die leidenschaftliche Briefschreiberin aus der Romantik erschien, 1958 in englisch und 1959 in deutsch. Im Vorwort zur deutschen Ausgabe betonte Arendt, sie hätte nie beabsichtigt, ein Buch „über Rahel" zu schreiben, allenfalls hätte sie deren Lebensgeschichte so nacherzählen wollen, wie diese selbst sie hätte erzählen können. Eine Biographie im traditionellen Sinne ist diese *Lebensgeschichte einer deutschen Jüdin in der Romantik*, wie das Buch dann im Deutschen untertitelt wird, sicher nicht. Für eine Biographie geht Arendt zu wenig auf Vorfahren, Kindheit und Jugend, auf Familie, besondere Lebensumstände und Zeitläufte ein. Eher könnte man sagen, daß das Buch versucht, die historische Person Rahel Levin, dann Friederike Robert, schließlich

Rahel Varnhagen in ihrem Lebenskonflikt zwischen Assimilation und jüdischer Identität, in ihren Ausgrenzungserfahrungen und ihrer Suche nach Anerkennung anschaulich darzustellen.

Das einzige Material, auf das Arendt sich erkennbar bezieht, sind Rahels Briefe und Tagebucheintragungen. Aber natürlich stellt sie Rahels Leben und Wirken auch in den Kontext der damaligen deutschen Geistes- und Kulturgeschichte. Sie läßt durchscheinen, wie vertraut ihr die klassische und romantische Dichtung von Goethe bis Heine ist. Sie schildert die Atmosphäre in den Berliner Salons so einfühlsam, daß man die Gespräche zu hören vermeint.

Aufschluß über das Interesse, das sie mit diesem Buch verfolgte, gibt der Titel ihres Forschungsprojekts, aus dem dann das Buch hervorging: *Über das Problem der deutsch-jüdischen Assimilation, exemplifiziert an dem Leben der Rahel Varnhagen*. In dieser Umkehrung der Thematik – die Assimilationsproblematik steht im Zentrum, Rahel Varnhagen wird als eine beispielhafte Verkörperung genommen – wird das Erkenntnisinteresse ihrer Arbeit deutlicher als im Titel der späteren Buchfassung. Es gilt der Geschichte und Kultur der jüdischen Assimilation in Deutschland. In der Figur Rahel Varnhagens verdichtet sich für Arendt die Problematik der Assimilation in besonders aufschlußreicher Weise.

Und doch ist dies nicht einfach ein Buch über einen Abschnitt deutsch-jüdischer Kulturgeschichte. Sie habe das Buch „zwar schon mit dem Bewußtsein des Untergangs des deutschen Judentums geschrieben; aber die Distanz, in der das Phänomen im ganzen erscheint, habe ich damals, kurz vor Hitlers Machtübernahme, nicht gehabt" (RV 11), schreibt Arendt zwei Jahrzehnte nach Beendigung des Manuskripts in ihrem Vorwort zur deutschen Ausgabe. Wie hätte sie auch können?

Dem Buch liegt, kann man heute sagen, eine mehrfache Linienführung zugrunde. Das Leben der Rahel Varnhagen wird einerseits vor dem Hintergrund der katastrophalen Zerstörung der deutsch-jüdischen Kultur entfaltet; zugleich sieht Arendt in der Person der Rahel Varnhagen die Illusionen der deutsch-jüdischen „Symbiose" in historischer Gestalt noch einmal an sich vorbeiziehen. Und schließlich schwingt auch die eigene bedrohte Existenz in der Erzählung des Lebens der Rahel Varnhagen ständig mit. Aus der Distanz betrachtet verdichtet sich in diesem Buch Arendts damalige eigene Lebenskonstellation – als Jüdin geboren, aus der deutschen Kultur vertrieben zu sein und ein Leben als Staatenlose führen zu müssen.

Diese Disposition erklärt auch den mitunter gereizten Erzählton der Autorin. Immer wieder gewinnt man den Eindruck, die Autorin rechte mit ihrer Hauptfigur, zanke sie aus und trage dabei immer das Bild von einer „richtig" sich verhalten müssenden Rahel mit sich. Insbesondere in den letzten beiden Kapiteln wird dann deutlich, daß Arendt ihre Hauptfigur aus einer zionistischen Perspektive heraus darstellt und kritisiert. Unterschwellig thematisiert sie in ihrer Kritik an Rahel Varnhagens Hin- und Herschwanken zwischen den Kulturen die zionistische Erfahrung.

Diese Erfahrung prägt Arendt ihr Leben lang. In einer Diskussion mit Freunden und Kollegen 1972 in Toronto wird sie auf eine Frage von Hans Morgenthau nach ihrem Status, ihrer „Dazugehörigkeit" in der politischen Landschaft der Parteien und Gruppen antworten:

„Ich gehöre keiner Gruppe an. Die einzige Gruppe, zu der ich gehörte, waren, wie Sie wissen, die Zionisten. Das war aber natürlich nur wegen Hitler. Und es dauerte von 1933 bis 1943. Danach habe ich mit ihnen gebrochen. Die Zionisten boten die einzige Möglichkeit, sich als Jude und nicht als menschliches Wesen zu wehren – welch letzteres ich für einen großen Fehler hielt, weil man, wenn man als Jude angegriffen wird, sich auch als Jude wehren muß" (IwV 107).

Eine weitere Motivlinie kommt hinzu. Die Lebensgeschichte der „Jüdin aus der Romantik" entsteht in der Phase der von Heidegger erzwungenen Ablösung von ihrer Liebe. Arendt ist traurig und auf eine fast fatalistische Weise ergeben, als sie aus Marburg weggeht. Im Nachsatz zu einem Brief aus Heidelberg an Martin Heidegger schreibt sie am 22. April 1928:

„Und wenn Gott es gibt,

Werd ich Dich besser lieben nach dem Tod."

Die Trennung von Heidegger bedeutet nicht das Ende der Liebe, wohl aber das des Zusammenseins. Das Ende der Liebe wird eher durch die nationalsozialistische Machtergreifung und Heideggers Wendung zur Ideologie erzwungen als durch ihre eigene innere Loslösung vollzogen.

Im September 1929 heiratet sie ihren Kollegen Günther Stern. Beide waren auf dem Weg zu einer akademischen Karriere. So wollte es scheinen und fügte sich dann doch ganz anders. Stern, der auch in den Seminaren Heideggers gewesen war, wollte sich an der Universität Frankfurt am Main bei Theodor W. Adorno und Paul Tillich mit einer musiksoziologischen Arbeit habilitieren. Als ihm dies verwehrt wurde, entschied er sich für ein Leben als freier Publizist in Berlin. Arendt scheint von den akademischen Ranküneen in Frankfurt abgestoßen gewesen zu sein und ging mit ihm nach Berlin. Auch sie begann nun, frei zu schreiben.

Die Heirat mit Günther Stern verdeckt ihr Leiden an der Trennung von Heidegger nur unvollkommen. Das Leben einer Frau nachzuerzählen, die wie sie zeitlebens nach der Liebe gesucht hat, um Freundschaft zu finden, bis sie schließlich Geborgenheit und Anerkennung dort fand, wo sie sie nicht vermutet hatte – bei einem eher unscheinbaren Mann; diese Seite der Geschichte der Rahel Levin, spätere Varnhagen, hatte einige Ähnlichkeiten mit ihrer eigenen.

Arendts Biographin Elisabeth Young-Bruehl bemerkt dazu: „Hannah Arendt mußte erst die Geschichte einer anderen Person erzählen, mußte *Rahel Varnhagen. Lebensgeschichte einer deutschen Jüdin aus der Romantik* schreiben, bevor sie sich vom Zauber Martin Heideggers befreien konnte" (Y-B 93).

Doch so wichtig die intimen, unterschwelligen Motive auch sein mögen, in der Rezeption der Nachwelt treten sie zurück. Das Buch beginnt mit seiner Veröffentlichung ein Eigenleben zu führen. Für die Nachwelt ist es sowohl eine originelle Darstellung romantischen Denkens und Lebens am Vorabend des gewaltsamen Endes der deutsch-jüdischen Assimilationsgeschichte als auch

– cum grano salis – das Selbstzeugnis einer jungen Schriftstellerin, die sich im Angesicht der heraufziehenden existentiellen Gefahr ihrer geschichtlich-kulturellen Herkunft bewußt wird. Das Buch ist mutig. Wäre es vor 1933 in Deutschland veröffentlicht worden, wäre es eines der letzten öffentlichen Zeugnisse deutsch-jüdischer Kulturforschung gewesen.

Die Erzählweise greift tief in die Geschichte der deutsch-jüdischen Kultur und des deutsch-jüdischen Lebens am Ende der Aufklärung. Arendt beschreibt die Versprechungen, die Windungen und Sackgassen der kulturellen, sozialen und politischen Integration der Juden in Preußen. Sie rückt neben der Figur der Rahel ihre Geliebten, Freunde und Freundinnen, ja auch ihre Kritiker und Neider in den Vordergrund. Der große Vorteil, der es ihr erlaubt, eine wirkliche Nach-Erzählung zu präsentieren, liegt darin, daß Rahel Varnhagen Tausende von Briefen und viele Tagebucheintragungen hinterlassen hat. Diese Briefe sind Arendt im Exil nur noch zu einem Teil zugänglich, doch bieten sie genügend Material, um den Erzählfluß zu tragen.

In Arendts Darstellung ist diese Rahel Levin eine Person, die von ihrem Grundproblem, Jüdin und Frau zu sein, ihr ganzes Leben lang hin- und hergetrieben wird. Rahels scheinbar paradoxer Denk- und Schreibstil, den Arendt weidlich direkt und indirekt zitiert, gibt dieses Hin- und Hergetriebensein fast unvermittelt wieder. Aus einer unlösbaren Lebenssituation heraus – eine Frau zu sein, dem Judentum zu entstammen und doch öffentlich anerkannt werden zu wollen – entwickelt diese Rahel Varnhagen einen Umgang mit sich selbst und mit den Menschen um sie herum, in dem sich An- und Abstoßung, Liebe und Enttäuschung, Nähe und Ferne ständig aufeinander beziehen. Daraus entsteht eine Rede- und Schreibkultur, die den Selbstwiderspruch ins Zentrum des Denkens und der Rede stellt. Noch aus der historischen Distanz heraus wirkt dieser Stil wie der ununterbrochene Versuch der Einkreisung eines Lebensthemas. Augenscheinlich versucht Rahel Varnhagen, eine Existenz zu führen, als wäre sie im politischen und gesellschaftlichen Sinne emanzipiert, und wird doch immer wieder darauf gestoßen, daß gerade dies ihr nicht möglich ist.

Es war zu Rahel Varnhagens Zeiten ein mutiges Unternehmen, sich als Frau und als Jüdin öffentlich zu präsentieren. Ihr Element wird der Salon, in dem Persönlichkeiten aus verschiedenen Kreisen und sozialen Gruppen – vom kaiserlichen Prinzen über den angesehenen Diplomaten bis zum mittellosen Studenten – zum Gespräch über die Geschehnisse in der Welt und die Kunst zusammentreffen. In den damaligen Berliner Salons, von denen der der Rahel Levin-Varnhagen einer der bekanntesten ist, bildet sich für kurze Zeit eine Art „klassenlose Gesellschaft" heraus, eine kulturelle Insel, auf der sich die aufgeklärte Gesellschaft trifft und so tut, als gäbe es die Realität der Standesunterschiede, der Zensur, des kulturellen Antisemitismus, der hierarchischen Beziehung zwischen Männern und Frauen nicht. Für ein paar Stunden und in ein paar Häusern gelten die Gesetze der Freiheit, Gleichheit, Brüderlichkeit, der Humanität und der Schönheit.

In den wenigen analytischen Passagen des Buches holt Arendt die Welt der späten Klassik, die sich der Aufklärung verpflichtet fühlt, heran. Plastisch arbeitet sie heraus, daß gerade ihre Ausnahmestellung es manchen Juden erlaubte, solche kulturellen Inseln zu bilden. Sie zitiert Rahels Freund Carl Gustav von Brinckmann, der Rahels Salon als einen Kreis schildert, „in welchen aufgenommen zu werden, königliche Prinzen, fremde Gesandte, Künstler, Gelehrte oder Geschäftsmänner jeden Ranges, Gräfinnen und Schauspielerinnen ... sich gleich eifrig bemühten, und wo jeder von ihnen nicht mehr Wert, aber auch nie weniger hatte, als er selbst durch seine gebildete Persönlichkeit geltend zu machen vermochte" (RV 61).

Der Salon ist die Bühne, auf der man sich als Freie und Gleiche begegnet und dem aufklärerischen Humanitätsideal huldigt. In späteren Werken wird Arendt die Metapher von der Bühne als Urbild des öffentlichen Raums wieder und wieder aufgreifen.

Gleichwohl ist der Salon nicht Öffentlichkeit, sondern gepflegte, halböffentliche Privatheit. Man muß zugelassen werden, selbst wenn nicht der Standesunterschied das Auswahlkriterium ist, sondern eben Bildung und Originalität. Und man richtet auch nichts an, weil man nichts ausrichtet. Der Salon muß politisch unschädlich bleiben. Darauf verständigt man sich mit Obrigkeit und Zensurbehörden.

Der Salon ist mündliche Kultur; es gilt das, was gesprochen wird. In diesem geschützten Rahmen gelten Juden und Jüdinnen als gleichberechtigte Menschen. Außerhalb der Salons freilich blühen die antisemitischen Klischees. Von daher erweist sich der Salon nicht nur als Verkörperung einer Idee, sondern auch als Illusion einer klassen- und „rassenlosen" Gesellschaft.

Arendt ist praktisch genug veranlagt, um zu bemerken, daß die Grenzen und der Niedergang der Salons auch etwas mit dem Aufkommen eines geregelten Kreditwesens in Deutschland zu tun haben. Das nämlich macht die Bekanntschaft zwischen jüdischen Geschäftsleuten und den Adeligen schlicht überflüssig. Aus reiner Lust am gebildeten Umgang geht dann kein Adeliger mehr in die jüdischen Salons.

Scheinbar besteht Rahel Levins Leben aus lauter abgebrochenen Liebesgeschichten, bis sie dann schließlich ihren Mann, Karl August Varnhagen kennenlernt, der sie zu einer verheirateten Frau macht und ihr somit „Stand" gibt. Sie ist zu dieser Zeit schon siebenunddreißig Jahre alt; für jene Zeit und ihr Frauenideal also schon ziemlich alt. Doch ehe sie diesen Mann, der kein Vermögen hat, heiratet, lebt Rahel ihre Liebesbeziehungen immer in Erwartung der endgültigen, der totalen Liebe, die den dauerhaften Schutz bringen soll. Sie erhofft und erwartet, daß sie in einen „Stand" aufgenommen wird, so zum Beispiel als sie sich mit dem Grafen Finckenstein oder mit dem spanischen Legationssekretär Don Raphael d'Urquijo verlobt.

Ständig ist Rahel Levin mit dem Ausbalancieren ihrer Identität beschäftigt. Sie ändert ihren Namen. Ihr Bruder macht es ihr vor, indem er sich taufen läßt und den Nachnamen Robert annimmt. Seine Schwester tut es ihm gleich und nennt sich Friederike Robert. 1814 dann, bei ihrer Eheschließung mit Varnhagen, läßt auch sie sich taufen und tauscht Rahel gegen die Vornamen Antonie Friederike ein.

Das unverwechselbare Selbst scheint für sie in der ununterbrochenen Verwandlung zu liegen: Sie legt sich Liebhaber zu und lebt ihre Liebe öffentlich, sie ändert ihren Namen, sie wird zur glühenden Patriotin, weil ihre Freundinnen und Freunde zur Zeit der Befreiungskriege patriotisch gesinnt sind, ja sie „erfindet" Befindlichkeiten, die sie in ihren Briefen an ihre vielen Freundinnen und Freunde täglich neu niedergelegt ...

Für die junge Hannah Arendt entschlüsselt sich Rahel Levin von einer Liebesgeschichte zur anderen, von einer Hoffnung zur nächsten als eine von der Dynamik der Verhältnisse Getriebene, die ihr Judentum so gerne versöhnen möchte mit ihrer Umwelt und es doch nicht schafft.

In den beiden letzten Kapiteln beleuchtet Arendt den letzten Lebensabschnitt der Rahel Varnhagen im Licht der zionistischen Debatten über jüdische Identität. In dem im 19. Jahrhundert von Bernard Lazare geprägten Figurenpaar „Paria" und „Parvenu" findet Arendt jetzt die begrifflichen Grenzmarken jüdischer Existenz verkörpert. Der Parvenu ist der ewige Aufsteiger, der es entweder nicht schafft oder sich – im Bündnis mit den Mächtigen – als „Ausnahmejude" so weit von seiner Gemeinde distanziert, daß er völlig isoliert ist. Der Paria dagegen ist der bewußte Außenseiter, der auf der Distanz zu seiner Mitwelt beharrt, weil er weiß, daß er nur so seine Identität als Jude leben kann.

Der Schluß des Buches wird so gewissermaßen zum retrospektiven Plädoyer für den Zionismus und für die bewußte gesellschaftliche Außenseiterstellung der Juden. Arendt reklamiert Rahel Varnhagen für dieses Selbstbekenntnis zum Judentum in einer Weise, die sich nur verstehen läßt, wenn man Arendts eigene Lebenssituation zu der damaligen Zeit in Betracht zieht.

Das vorletzte der beiden Kapitel trägt den Titel „Zwischen Paria und Parvenu". In ihm legt Arendt eine soziokulturelle Skizze des Juden als Parvenu vor, der vorgibt, ein Insider zu sein, gesellschaftlichen Stand zu haben, dazuzugehören. Freilich gibt es nicht nur jüdische Parvenus, sondern auch nichtjüdische wie Karl August Varnhagen zum Beispiel, der sein Leben lang ebenfalls nach einem „Stand" sucht. Ihr Hauptaugenmerk aber gilt dem jüdischen Parvenu und der Kritik jener kollektiven Selbstverleugnung, jenem „Schwindeln", auf dem sich ihrer Überzeugung nach sein Aufstieg aufbaut.

Vor diesem Hintergrund blickt Arendt noch einmal zurück auf Rahels Bestreben, aus ihrer peinlichen Rolle als Jüdin herauszukommen. In einer der bittersten Stellen des Kapitels faßt sie die Ratio eines solchen Denkens und Verhaltens der assimilierten deutschen Juden mit den Worten Rahels zusammen: „Erreichen muß man nur alles, was die Glücklichen ohne ‚infame Geburt' haben, nicht zu erreichen brauchen, um sich bei jeder neu erklommenen Stufe beweisen zu können: ‚Solche Leute wie wir können nicht *Juden* sein'" (RV 189).

Wenig später paraphrasiert Arendt die Reflexionen der Rahel: „Das ist die ‚große Vergiftung aller Einsicht und Aussicht', die der Parvenu unter keinen Umständen zugestehen darf: daß er nämlich aufgezehrt wird von lauter Dingen, die er eigentlich nicht einmal begehrt, deren Verweigerung ihn aber kränken muß; daß er ihnen seinen Geschmack, sein Leben, seine Wünsche anpassen muß; daß er in nichts und keiner Minute mehr er selbst sein darf, sondern ganz gleich was, eben alles erreichen wollen muß; bereit sein muß in einer Art von Heroismus ‚zu dulden', was er ‚nicht machte' und sogar ‚verabscheute'" (RV 191).

In Arendts Darstellung sieht Rahel Varnhagen ihre eigene Rolle im Laufe ihres Lebens zunehmend kritisch. Obwohl sie einen nichtjüdischen Parvenu heiratet, kann und will sie selbst diese Rolle nicht mehr spielen. Zu ausgeprägt sind ihr Widerspruchsgeist und ihr Charakter.

In einer fulminanten Schlußapotheose, der Arendt den Titel gibt: „Aus dem Judentum kommt man nicht heraus", zeigt sie ihre Hauptfigur schließlich als eine zur Persönlichkeit gereifte Frau, die ihre jüdische Identität weder aufgeben kann noch will. Rahel Varnhagen ist in den Augen Arendts zu klug, um sich dauerhaft einzureden, sie könnte die Selbstverleugnung als Lebensentwurf wählen. In Wahrheit habe, so Arendt, Rahel unterschwellig immer schon die Rolle der Paria übernommen. Sie habe sehr früh erkannt, daß der Außenseiter „nicht nur mehr Sinn für die ‚wahren Realitäten' sich zu bewahren vermag, sondern unter Umständen auch mehr Wirklichkeit besitzt als der Parvenu, der, ein Scheindasein zu führen verurteilt, von allen Gegenständen einer nicht für ihn eingerichteten Welt nur wie im Maskeradenspiel Besitz ergreift" (RV 209).

In Arendts Perspektive hat Rahel all dies durchschaut und bekennt sich am Schluß zu ihrer Außenseiterstellung. Die entsprechenden Briefstellen nimmt Arendt pars pro toto und läßt Rahel Varnhagen mit ihrem Judentum versöhnt ihr Leben enden.

Es fällt dabei nicht ins Gewicht, daß sich Rahel Varnhagen nie von der protestantischen Kirche getrennt hat, in die sie mit ihrer Taufe eingetreten war. „Rahel ist Jüdin und Paria geblieben" (RV 210), so lautet Arendts abschließendes Urteil. Damit werden alle Mäander im Lebensweg der Rahel zu konzentrischen Bewegungen um ein immer schon vorhandenes Zentrum: die schmerzhafte Erarbeitung der jüdischen Identität.

Das Buch aus der Jugendzeit in das Gesamtwerk Arendts einzuordnen, fällt schwer. Arendt selbst hat es auch nie aus seiner zeitlichen und intellektuellen Sonderstellung herausgeholt. Schreib- und Denkstil werden sich später ändern, wie schon die Aufsätze aus den vierziger Jahren, erst recht aber das 1951 erscheinende *The Origins of Totalitarianism*, das dann 1955 als *Elemente und Ursprünge totaler Herrschaft* auf deutsch erscheint, deutlich zeigen. Doch gibt es auch unzweifelhafte Verbindungen zwischen dem „untypischen" Frühwerk und den späteren Büchern.

Arendt läßt schon hier ihre erzählerischen Qualitäten erkennen. Ihre historischen Urteile webt sie dabei so fein ein, daß sie den Fluß der Erzählung nicht unterbrechen.

Vor allem aber zieht sich die Auseinandersetzung mit der jüdischen Identität, die hier begründet wird, unter verschiedenen Aspekten durch das ganze Leben und Werk. In den vierziger Jahren ficht Arendt leidenschaftlich für eine selbständige jüdische Armee und für eine jüdisch-arabische Konföderation. In diesem Zusammenhang greift sie auch immer wieder auf die Metaphern Paria und Parvenu zurück, überträgt diese aus dem lebensweltlichen Kontext des 19. Jahrhunderts in die politische Welt des 20. Jahrhunderts.

Und obwohl dieses Buch nun nicht gerade philosophisch zu nennen ist, tauchen hier auch einzelne Motive auf, die, zum Teil beeinflußt von der Heideggerschen Hermeneutik, später ausgearbeitet werden, wie zum Beispiel „das Verstehen", ein Begriff, der von Arendt während ihrer hermeneutischen Durchdringung des Phänomens der totalen Herrschaft als authentische Alternative zum wissenschaftlichen Erkennen in den Blick genommen wird.

Auch das Thema der Lüge, das später eine bedeutende Rolle im Arendtschen politischen Denken und Urteilen spielen sollte, wird hier schon (in der Figur des Parvenu) angespielt, ohne daß es freilich weiter ausgefaltet wird.

Vor diesem Hintergrund steht *Rahel Varnhagen* dann doch nicht so isoliert da, wie es Arendt selbst vorgibt, auch wenn seine Sonderstellung wohl unbestritten ist. Im Rückblick betrachtet steht das Buch einerseits in einer Reihe mit den literarischen Porträts über Walter Benjamin, Hermann Broch oder Rosa Luxemburg, die Arendt später unter dem Titel *Menschen in finsteren Zeiten* veröffentlichen wird. Und andererseits kann man darin eine Art Vorstudie zum ersten Teil der *Elemente und Ursprünge totaler Herrschaft* sehen.

So erweist sich *Rahel Varnhagen* als Buch einer Zwischenzeit, in dem einerseits Grundlagen gelegt werden und andererseits doch jenes öffentliche politische Räsonnieren, das Arendt so eigentümlich ist, noch im Hintergrund bleibt.

Kapitel IV
Aus der Welt vertrieben sein:
Das Pariser Exil

Deutlich und immer wieder hatten die Nationalsozialisten vor 1933 verkündet, was sie unter „deutschem Geist" verstanden und wie sie mit dem „zersetzenden" jüdischen Geist und seinen Trägern umgehen würden. Unmittelbar nach Hitlers Bestellung zum Reichskanzler, am 30. Januar 1933, setzte die Verfolgung ein: Verhaftungen, Folterungen, mysteriöse Tode waren die Folge. Den Reichstagsbrand vom 27. Februar 1933 nahm die nationalsozialistische Regierung dann zum willkommenen Anlaß, politische Gegner wie überhaupt die kritische Intelligenz systematisch zu verfolgen, zu vertreiben oder zu töten. Im Mai des gleichen Jahres zündeten begeisterte Studenten unter den Augen von völkischen Ideologen und Nazifunktionären Scheiterhaufen auf öffentlichen Plätzen und vor Universitäten an, warfen die Bücher des „undeutschen Geistes" in die Flammen und verkündeten die Ausstoßung der bedeutendsten Schriftsteller aus der „deutschen Kultur".

Arendt war zwar zu jener Zeit weder links noch besonders politisch interessiert, wie sie selbst später sagte; doch auch diejenigen, die nicht politisch organisiert waren, waren gefährdet.

Durch ihre Verbindung zu zionistischen Kreisen hatte sich Arendt, die seit Ende der zwanziger Jahre in Berlin lebte, exponiert. Noch 1933 hatte sie im Auftrag von Kurt Blumenfeld eine Untersuchung über den alltäglichen Antisemitismus in deutschen Fachzeitschriften begonnen. So geriet sie ins Visier der Polizei und wurde verhaftet. Doch sie hatte Glück. Die Kriminalpolizei war noch nicht gleichgeschaltet; der Beamte, der sie verhörte, mochte nicht so recht an ihre Schuld glauben und sorgte für ihre Freilassung. Nach einer Woche war Arendt wieder entlassen.

Die Flucht nach Frankreich gelang über die grüne Grenze. Diejenigen, die sich der Verfolgung durch die Nationalsozialisten entzogen, wurden ausgebürgert. In den ersten Jahren erfolgte dies freilich mit Verzögerung. Der deutsche Verwaltungsapparat und das Rechtssystem mußten erst gleichgeschaltet werden. Hannah Arendt wurde 1937 ausgebürgert und lebte bis 1951 als Staatenlose.

Im Unterschied zu vielen anderen Juden traf der Zusammenbruch des deutschen Rechtssystems, dessen Schutzfunktion für Juden Arendt ohnehin nie hoch eingeschätzt hatte, sie nicht unvorbereitet. Sie war über ihre Freundschaft mit Kurt Blumenfeld und ihre Zugehörigkeit zu zionistischen Kreisen von der Entschlossenheit der Nationalsozialisten überzeugt.

Drei Jahrzehnte später wird sie dem Journalisten Günter Gaus sagen, daß das eigentlich Schlimme für sie nicht die Machtergreifung der Nationalsozialisten war, sondern das Wegbrechen wichtiger Freundschaften, wie z. B. der mit Martin Heidegger und Benno von Wiese.

„Man denkt heute oft, daß der Schock der deutschen Juden 1933 sich damit erklärt, daß Hitler die Macht ergriff. Nun, was mich und Menschen meiner Generation betrifft, kann ich sagen, daß das ein kurioses Mißverständnis ist. Das war natürlich sehr schlimm. Aber es war politisch. Es war nicht persönlich. Daß die Nazis unsere Feinde sind – mein Gott, wir brauchten doch, bitte schön, nicht Hitlers Machtergreifung, um das zu wissen!" (IwV 55 f.)

Sehr viel schlimmer sei gewesen, daß das politische Geschehen zum persönlichen Schicksal wurde. Und

„daß die Freunde sich gleichschalteten! Das Problem, das persönliche Problem war doch nicht etwa, was unsere Feinde taten, sondern was unsere Freunde taten. Was damals in der Welle von Gleichschaltung, die ja ziemlich freiwillig war, jedenfalls noch nicht unter dem Druck des Terrors vorging: das war, als ob sich ein leerer Raum um einen bildete. Und ich konnte feststellen, daß unter den Intellektuellen die Gleichschaltung sozusagen die Regel war. Aber unter den andern nicht. Und das hab' ich nie vergessen. Ich ging aus Deutschland, beherrscht von der Vorstellung – natürlich immer etwas übertreibend –: Nie wieder! Ich rühre nie wieder irgendeine intellektuelle Geschichte an. Ich will mit dieser Gesellschaft nichts zu tun haben" (IwV 56).

Und sie war, wie sie anschließend bemerkte, der Meinung, daß dieses Einbrechen gegenüber dem Nationalsozialismus etwas mit dem Selbstverständnis der Intellektuellen zu tun hätte.

Nicht wenige Freunde liefen damals freiwillig zu dem antisemitischen Regime über und beraubten die Freundin so jenes Grundelements im menschlichen Leben, das in Arendts Denken eine so große Rolle spielen wird: des Vertrauens und des Netzwerkes der Freundschaft.

Sicherlich war diese verstörende Erfahrung für Arendt auch eines der Motive für ihre lebenslange kritische Beschäftigung mit dem Verhältnis von Denken und Handeln. Die Rückgratlosigkeit der Intellektuellen kehrt in ihren Büchern und Aufsätzen mehrfach wieder, so unter anderem, als sie in einem Artikel zum 80. Geburtstag von Martin Heidegger die *déformation professionelle* der Philosophen thematisiert.

Immer wenn sie später über ihr Leben zur Zeit des Nationalsozialismus spricht, wird Arendt die Gefahr für das eigene Leben kleinreden und die tiefe Enttäuschung über die Freunde herausstellen.

Nun also Frankreich. Dort wirkte in den dreißiger Jahren eine starke Linke; das Land galt als demokratische Bastion Europas. Im Spanischen Bürgerkrieg (1936–1939) hatte sich Frankreich auf die Seite der Republikaner gestellt und nach deren Zusammenbruch viele Flüchtlinge von dort aufgenommen. Die relative Aufnahmebereitschaft Frankreichs ließ neben den Flüchtlingen aus Deutschland späterhin auch die Zehntausende, die aus der Mitte oder dem Osten Europas kamen, nach Frankreich streben.

Gleichwohl befand sich auch die französische Republik in einer instabilen Lage. Der Sturz der Volksfrontregierung unter Léon Blum 1937 machte die ungesicherte Situation der Flüchtlinge mit einem Schlage deutlich. Der Antisemitismus, der seit der Dreyfus-Affäre 1894 immer wieder aufgeflammt war, fand wachsende Unterstützung bei mächtigen gesellschaftlichen und politischen Gruppen – und bei der katholischen Kirche. Das bekamen die Flüchtlinge spätestens im Jahre 1940 drastisch zu spüren, als die französische Regierung auf den deutschen Einmarsch mit einer sofortigen Internierung der europäischen Flüchtlinge reagierte.

Nach der Ankunft Arendts 1933 in Paris stellten sich zunächst einmal eminent praktische Fragen: Geldverdienen um des Überlebens willen, Wohnung, Essen, Kleidung ... Als Exilantin war Arendt ununterbrochen auf der Suche: nach verschollenen oder neuen Freunden, nach lebensnotwendigen Kontakten, nach längerfristigen Perspektiven des Aufenthalts und der Arbeit. Weniger offen liegt die psychische und die kulturelle Dimension des Exils, auch bei Arendt: Die ständige Infragestellung der eigenen Identität aufgrund der unsicheren Rechtsstellung, die fremde Sprache, die fehlende Alltagsnormalität, die Sorge um die Freunde und Familienmitglieder, die Angstgefühle und Depressionen kosten viel Lebenskraft.

Zu Beginn lebt Arendt in Paris noch mit ihrem Mann Günther Stern zusammen. Zu dieser Zeit war ihre Ehe schon eher eine Notgemeinschaft, beide hatten sich nach kurzer Zeit in Berlin auseinandergelebt. Doch es gelingt ihnen, das Verhältnis in eine Freundschaft umzuwandeln.

Arendt ist eine tätige Person. Sie sucht sofort nach Möglichkeiten, Geld zu verdienen, und wird auch anderen bei der Arbeitssuche helfen. Ihre erste Stelle erhielt sie 1934 bei der jüdischen Organisation „Agriculture et Artisanat", eine Hilfsorganisation für (insbesondere deutsche) Juden, die nach Palästina wollten. Ihre Einstellung hatte sie sich durch Vorspiegelung bürotechnischer Kenntnisse erworben. Wie viele andere hatte auch Arendt keinen französischen Personalausweis.

Sie nahm Hebräisch-Unterricht bei einem neu gewonnenen Freund, Chanan Klenbort, einem polnischen Juden und Intellektuellen, der wie sie und Tausende andere Flüchtlinge immer auf der Suche nach Arbeit und Geld zum Überleben war. „Ich will mein Volk kennenlernen", sagte sie als Begründung (Y-B 180).

Als jüdischer Flüchtling in den dreißiger und Anfang der vierziger Jahre in europäischen Ländern oder auch in den Vereinigten Staaten unterwegs zu sein, hieß immer auch, mit den politischen Organisationen der Juden in jenen Ländern und ihrem Verhältnis zu Palästina konfrontiert zu sein. Anders als nach dem Zweiten Weltkrieg war in den dreißiger Jahren noch nicht abzusehen, ob die zionistische Weltbewegung ihr Ziel, die Gründung eines jüdischen Staates, je erreichen würde.

Bereits zu dieser Zeit geriet Hannah Arendt in Konflikt mit der jüdischen Politik, eine Erfahrung, die sich später in Amerika schmerzhaft wiederholen würde.

Arendt wollte etwas tun in Paris; sie wollte, wie ihre Biographin Elisabeth Young-Bruehl schreibt, einen Warenboykott gegen deutsche Güter organisieren oder öffentliche Unterstützung für die Verteidigung des David Frankfurter, der 1936 im schweizerischen Davos einen nationalsozialistischen Funktionär erschossen hatte, einwerben. Sie wollte den Widerstand gegen die Kollaboration der europäischen Staaten mit den Nationalsozialisten aufbauen – und sah sich unüberwindbaren Hindernissen gegenüber. Da war zum Beispiel die Angst der französischen Juden vor Antisemitismus und Fremdenhaß im eigenen Land, die viele Funktionäre, wie zum Beispiel einen Baron Rothschild, dazu veranlaßte, für das Stillhalten zu plädieren und die öffentliche Einmischung der Juden abzulehnen. Zudem waren die französischen Juden überzeugt, daß sie „besser" und kultivierter seien als die vielen entwurzelten jüdischen Flüchtlinge aus Deutschland, Österreich oder gar den osteuropäischen Ländern.

Hier lernte Arendt jenes Dilemma in praktischer Gestalt kennen, das sie in ihrem Buch über Rahel Varnhagen, später dann auch in *Elemente und Ursprünge totaler Herrschaft* in den Vordergrund rückte: die Selbstentmächtigung der Juden durch die persönliche Aufspaltung der einzelnen in Parvenu und Paria.

Ihre Arbeit bei „Agriculture et Artisanat" besteht darin, Kleidung, Ausbildung, Papiere, Medizin für jüdische Jugendliche zu organisieren. „Jugend-Aliyah" heißt die Gruppe, für deren Betreuung sie zuständig ist. Deren Mitglieder sollen nach Palästina übersiedeln, um dort beim Aufbau der Siedlungen, der örtlichen Industrie und des Straßenbaus mitzuhelfen. 1935 begleitet sie selbst eine Gruppe nach Palästina, trifft dort auch die Familie ihres Vetters und reist im Land herum, auch nach Jordanien.

Eine andere Art von existentieller Erschütterung begegnet Arendt 1936 in Heinrich Blücher. Dieser, einst jugendlicher Spartakuskämpfer im Banne der Kommunisten, ist ebenfalls auf der Flucht. Blücher ist belesen; er hat sich schon von seiner kommunistischen Verwicklung losgelöst. So gehört er nicht dem kommunistischen Exilkader an. Er ist zudem ein sehr vielseitiger Mensch. Schon in den zwanziger Jahren hat er Kabarett-Texte verfaßt und ist mit dem bekannten Chanson-Dichter Robert Gilbert befreundet, mit dem Arendt dann eine lebenslange Freundschaft verbinden wird. Im übrigen führt Blücher ein ähnliches Leben wie Arendt: ständig auf der Suche nach Geld – und nach intellektuellem Austausch.

Eine Liebe „im Zeitalter der verwüstenden Sandstürme", diese Metapher verwendet Arendt später für ihre Beziehung zu Heidegger, und diese könnte man auch auf die Beziehung zu Heinrich Blücher übertragen.

Auch aus diesem persönlichen Kontext des Exils heraus erscheint im Rückblick Arendts Buch über Rahel Varnhagen als Vorstufe zur Auseinandersetzung mit der eigenen Existenz als Flüchtling, als Paria, die ihr Selbstbewußtsein aus ihrem Anderssein zieht. Dieses Thema wird Arendt in den vierziger Jahren immer wieder beschäftigen.

In dem ersten der beiden in Paris entstandenen Schlußkapitel schrieb Arendt über die Spannungen zwischen den Paria- und den Parvenu-Anteilen im Selbstbewußtsein der Rahel:

„Solche Dankbarkeit (diese hatte Arendt vorher als Eigenschaft des Paria beschrieben und auf Rahels Selbstvorwürfe hingewiesen, sich für die harmlosesten Freundlichkeiten ihrer Umgebung sogleich als dankbar zu erweisen – AG) wäre nur ein Fehler, wäre sie nicht begleitet, ja unfehlbar begründet in dem

Besten und Würdigsten, das der Paria in seiner Welt lernen und verstehen kann: von ‚zu viel Rücksicht für menschliches Angesicht. – Eher kann ich nach dem eigenen Herzen mit der Hand fassen und es verletzen, als ein Angesicht kränken und ein gekränktes sehen.' Die Sensibilität und das wörtliche Mitleiden, das wiederum distanzlos ist, ist nur der krankhaft gesteigerte Ausdruck für das instinktive Begreifen der Würde, die jedem innewohnt, der ein menschlich Antlitz trägt, ein Instinkt, den die Privilegierten nie kennen, der die Humanität des Paria ausmacht, der ihn eindeutig unterscheidet von dem gehetzten Tier, das er in der Gesellschaft darstellen muß; ein Instinkt, durch den alle Privilegierten zu Tieren – wenn auch vielleicht zu edlen Species – ihm gegenüber degradiert werden. Immer repräsentieren darum die Paria in einer Gesellschaft, welche auf Privilegien, Geburtsstolz, Standeshochmut basiert, das eigentlich Humane, spezifisch Menschliche, in Allgemeinheit Auszeichnende. Die Menschenwürde, die Achtung vor dem menschlichen Angesicht, die der Paria instinktartig entdeckt, ist die einzig natürliche Vorstufe für das gesamte moralische Weltgebäude der Vernunft" (RV 199).

In den vierziger Jahren übernimmt Arendt diese Figur des Paria für die Beschreibung der Flüchtlingsexistenz. Indem sie den extremsten Blickwinkel wählt, nämlich den der Ausgestoßenen, wird es Arendt zugleich möglich, darauf hinzuweisen, daß der Flüchtling nicht in seiner Flüchtlingsexistenz aufgeht. Der Flüchtling ist nicht nur ein gehetztes Wild, nicht nur Objekt des Mitleids. Indem er mit den Anderen mit-leidet, gewinnt er eine Würde wieder, die dem Parvenu, der um jeden Preis dazugehören will, fremd ist.

Wir finden hier eine Sichtweise auf die Perspektive der Millionen von Staatenlosen, Verfolgten und Flüchtlingen, die sich grundlegend unterscheidet von der Sicht der damaligen Hilfs- und politischen Organisationen auf das Flüchtlingsproblem.

Für viele Jahre widmet Arendt ihre Aufmerksamkeit der Figur des Flüchtlings; sie beleuchtet sie aus unterschiedlichen Blickwinkeln: aus dem der Identitätskrise, des Rechtsstatus und des politischen Status. Denn der Weg des Flüchtlings ist ja nicht beendet, wenn er schließlich in einem Land angekommen ist, das ihm Schutz und Aufenthaltsrecht gewährt.

Wie eine Art ironische Verschiebung des Blickwinkels gegenüber den dreißiger Jahren nimmt sich der Artikel „Wir Flüchtlinge" aus dem Jahre 1943 aus. Der Artikel ist nach der Ankunft in den Vereinigten Staaten geschrieben, also nach dem Ende der Odyssee, die sie und viele Tausende anderer von Paris aus in die Internierungslager, von dort in die Flucht über die Pyrenäen nach Lissabon getrieben hatte, wo sie im glücklichsten Fall eine Schiffspassage nach Amerika bekamen.

Die Ausgangsfrage des Artikels lautet, wie das Land der Aufnahme auf den Zustrom der Flüchtlinge reagiert. De facto reagieren die amerikanische Gesellschaft und ihre Regierung ambivalent: einerseits mit großzügiger Hilfsbereitschaft, andererseits aber auch mit Angst vor Überfremdung und mit latentem Antisemitismus.

Gerafft und mit spitzer Feder beschreibt Arendt, welche Anpassungs- und Verdrängungsleistungen die Flüchtlinge vollbringen müssen, sind sie einmal angekommen: sich anpassen, die fremde Sprache lernen, die Vergangenheit des eigenen Lebens vergessen, die anderen nicht mit dem eigenen Schicksal behelligen ...

Für die wahrlich paradoxe Situation der Flüchtlinge findet Arendt sarkastische Worte. Danach zeichnen sich Flüchtlinge vor allem dadurch aus, daß sie „von ihren Feinden in Konzentrationslager und von ihren Freunden in Internierungslager gesteckt werden" (ZZ 9).

Eine Kehrseite der erzwungenen Assimilation ist der Freitod, den nicht wenige wählen, weil sie die Spannung zwischen Selbstverleugnung und Selbstbehauptung nicht mehr aushalten. Die Wahl des eigenen Todes erscheint etlichen Flüchtlingen als eine der wenigen ihnen verbliebenen Möglichkeiten, in Freiheit zu handeln. Denn im symbolischen und im faktischen Sinne hat der Flüchtling in der Situation der Vertreibung, argumentiert Arendt, sein Selbst längst verloren; er ist ein Nichts. Niemand interessiert sich dafür, wer er ist, wie er gelebt hat. Mit dem Freitod setzt er dieser Fremdbestimmung seine freie Entscheidung entgegen.

Doch es gibt noch eine Alternative zum Tod: die bewußte Wahl des Paria-Daseins. Nur wer sich dem erneuten Assimilationsdruck im Gastland widersetzt, der mit dem Ende des Flüchtlingsdaseins gleichsam automatisch einsetzt, bewahrt seine Würde. Nur wer sich zu der kleinen Minderheit unter den Juden schlägt, die auch in der neuen Situation auf ihrem Jüdischsein besteht, ist in der Lage, die Spannung auszuhalten. Nur wer sich entschieden außerhalb stellt, kann innerhalb leben.

Der Artikel endet in einer Apotheose des Parias als der einzig würdigen Existenzform für Juden und Flüchtlinge:

„Jene wenigen Flüchtlinge, die darauf bestehen, die Wahrheit zu sagen, auch wenn sie anstößig ist, gewinnen im Austausch für ihre Unpopularität einen unbezahlbaren Vorteil: die Geschichte ist für sie kein Buch mit sieben Siegeln und Politik kein Privileg der Nichtjuden mehr. Sie wissen, daß unmittelbar nach der Ächtung des jüdischen Volkes die meisten europäischen Nationen für vogelfrei erklärt wurden. Die von einem Land ins andere vertriebenen Flüchtlinge repräsentieren die Avantgarde ihrer Völker – wenn sie ihre Identität aufrechterhalten. Zum ersten Mal gibt es keine separate jüdische Geschichte mehr; sie ist verknüpft mit der Geschichte aller anderen Nationen. Und die Gemeinschaft der europäischen Völker zerbrach, als – und weil – sie den Ausschluß und die Verfolgung seines (sic! AG) schwächsten Mitgliedes zuließ" (ZZ 21).

Es ist aufschlußreich, daß Arendt hier für die Figur des Paria noch eine paradoxe Steigerung findet. Der Ausgestoßene, der am Rande vegetierende Flüchtling, der ganz unten Stehende setzt sich durch eigenen Entschluß an die Spitze einer verborgenen Hierarchie. Er wird zum wahren Vorreiter einer neuen politischen Realität, die mit dem Zerbrechen der demokratischen Nationalstaaten zur Kenntnis genommen werden muß. Arendt benutzt hier den Begriff der „Avantgarde", der sowohl im Raum der Kunst wie in der Sphäre der Politik benutzt wird, im moralischen Sinne als Synonym für die Würde im Angesicht der totalen Entwürdigung. Sie kehrt zugleich die Rollen um: Diejenigen, die die Katastrophe haben geschehen lassen, haben ihre Würde verloren. Diejenigen aber, die ihrer Würde beraubt worden sind, finden sie wieder im Beharren auf ihrem Paria-Status.

Neben ihrer Arbeit findet Arendt in Paris auch Zeit für das intellektuelle Leben. Sie trifft sich seit 1936 regelmäßig mit Walter Benjamin, der ein entfernter Verwandter ihres geschiedenen Mannes Günther Stern ist. Sie besucht die Seminare des großen Hegel-Kenners Alexandre Kojève, dessen Lesart Hegels sie sich zeitweise zu eigen macht. Sie lernt den Philosophen Jean Wahl und auch Jean-Paul Sartre kennen. Sie trifft Bertolt Brecht und Arnold Zweig. Brecht beeindruckt sie tief; ihm wird sie später einen Essay in ihrem Band *Menschen in finsteren Zeiten* widmen.

Auch Freunde aus Königsberg sieht sie in Paris wieder, wie zum Beispiel die Schulfreundin Anne Mendelssohn.

1940 erklärt Frankreich Deutschland den Krieg. In der Folge marschieren deutsche Armeen in Frankreich ein. Sie spalten das Land und besetzen Frankreichs nördlichen Teil. Die französische Regierung schließt einen Waffenstillstand und errichtet in Vichy, einer kleinen Stadt in Zentralfrankreich, ein von der deutschen Besatzungsverwaltung abhängiges Regime für den unbesetzten Teil Frankreichs.

Doch vorher werden alle ausländischen Flüchtlinge in Paris in den großen Stadien gesammelt und dann mit Massentransporten in Internierungslager, meist in den Süden Frankreichs verbracht. Arendt und ihr zweiter Mann Heinrich Blücher werden in verschiedenen Lagern interniert. Arendt im Lager Gurs und Blücher zeitweilig in einem Lager in der Nähe von Orléans.

Ein Jahr später gelingt beiden nach einer abenteuerlichen Wanderung durch den Süden Frankreichs, während der sie sich, mehr oder weniger zufällig, wiedertreffen, die Flucht über die Pyrenäen. In Lissabon erhalten sie schließlich ein amerikanisches Visum und übersiedeln nach New York.

Während dieser beiden Jahre 1940 und 1941 liest Arendt viel, und sie verarbeitet, freiwillig und unfreiwillig, Erfahrungen, von denen sie ein Leben lang zehren wird. Ihr Gewahrwerden des Zusammenbruchs der Traditionen und der Moral, der Zerstörung der politischen Sphäre – alle diese Elemente ihres politischen Denkens bilden sich auch aus den Erfahrungen jener Jahre. Sie wird diese Erfahrungen in zahlreichen Artikeln und vor allem im ersten und zweiten Teil ihres Buches *Elemente und Ursprünge totaler Herrschaft* verarbeiten.

Kapitel V
Totale Herrschaft als Traditionsbruch

> „Die Originalität des Totalitarismus ist nicht deshalb schrecklich, weil mit ihm eine neue ‚Idee' in die Welt gekommen ist, sondern weil seine schieren Handlungen einen Bruch mit allen unseren Traditionen darstellen; zweifellos haben sie unsere Kategorien des politischen Denkens und unsere Maßstäbe für das moralische Urteil gesprengt" (VuP 112).

„Sind gerettet", kabelt Arendt im Mai 1941 an ihren in Los Angeles lebenden geschiedenen Mann Günther Stern, als sie mit Heinrich Blücher in New York angekommen ist. Stern hatte sich sehr um ihr Visum bemüht. Und als dann noch Arendts Mutter, die sie in Marseille hatte zurücklassen müssen, tatsächlich nachkam, war die Erleichterung groß.

Doch der Neubeginn in den Vereinigten Staaten ist keineswegs einfach. Die Probleme sind zunächst ähnlich wie in Paris: Man muß für die Grundbedürfnisse des Lebens sorgen: Arbeit, Wohnung, Nahrung, Kleidung. Arendt lernt die englische Sprache, indem sie sich zwei Monate bei einer Familie in Massachusetts einquartiert. Sie begreift schnell, daß auch die neue Heimat die Flüchtlinge nicht als selbstverständlich anerkennt. Sie arbeitet als Lektorin für den Schocken Verlag.

Sie läßt sich von Manfred George, dem Herausgeber der deutschsprachigen Exil-Zeitschrift *Aufbau*, für eine regelmäßige Kolumne gewinnen und engagiert sich in der Debatte über die Errichtung einer jüdischen Armee, die gegen den Nationalsozialismus kämpfen könnte.

Ihre Erfahrungen verarbeitet sie in pointierten Artikeln. Damals bildet sich der berühmte Arendtsche „Stil" heraus: das Überpointieren einer These; die ironische Distanz, mitunter eine sarkastische Überzeichnung. Ihre Texte sind nicht nur inhaltlich oder thematisch provozierend, sondern auch stilistisch.

Zwei Schwerpunkte bestimmen Leben und Arbeit zu jener Zeit: das politische Engagement für den Kampf der Juden gegen das nationalsozialistische Regime beziehungsweise für einen eigenen Staat – und die gedankliche Durchdringung der unbegreiflichen Geschehnisse in Europa.

Arendt schaltet sich energisch in die Debatten um die politische Organisation des jüdischen Staates in Palästina ein. Sie wirbt für den Aufbau einer jüdischen Armee. Natürlich ist sie keine Militärexpertin. Wenn einer das ist, dann Heinrich Blücher, den sie Jaspers gegenüber tatsächlich einmal als „Militärhistoriker" bezeichnet, obwohl er eher Amateurhistoriker ist. Die Frage einer eigenen jüdischen Armee ist jedoch eine politische Frage; sie ist direkt mit der politischen Selbstbestimmung der Juden verbunden. Eine jüdische Armee, argumentiert Arendt, würde den Juden der Welt ihre kollektive Würde wiedergeben. Sie würde das unwürdige Dasein der Gehetzten und Gejagten beenden und sie zu kämpfenden Gegnern machen.

„Eine dem jüdischen Volk unbekannte Wahrheit, die es erst zu lernen beginnt, ist, *daß man sich nur als das wehren kann, als was man angegriffen wird*", schreibt sie als Beitrag zur Debatte über das Für und Wider einer jüdischen Armee (AS 22). Tatsächlich geht aus der jahrelangen Debatte über den Aufbau einer jüdischen Armee dann eine jüdische Legion in der britischen Armee hervor.

Natürlich plädiert Arendt, wenn sie für den Einsatz einer unter jüdischem Oberbefehl kämpfenden Armee eintritt, auch für einen jüdischen Staat. Aber wie soll er aufgebaut sein? Anders als viele Zionisten, die ausschließlich ihren Blick auf die endliche Ankunft des „Jishuv" legen, hat sie einen Blick für die Konflikte, die sich aus der Gründung eines jüdischen, eines israelischen Staates ergeben. Sie und ihre Mitstreiter, wie zum Beispiel der damalige Rektor der Jerusalemer Universität, Judah Magnes, oder ihr Freund Kurt Blumenfeld fragen: Was wird die Gründung eines israelischen Staates im Kräftefeld der ihn umgebenden Staaten und Völker bewirken? Aus der Vorahnung gewaltsamer Konflikte heraus – immerhin ist Palästina auch das Land der dort Lebenden – plädiert sie sehr frühzeitig für eine Konföderation zwischen dem israelischen Staat und den umliegenden arabischen Staaten.

Doch bald schon muß sie erkennen, daß die Interessen der jüdischen Organisationen, so zerstritten diese auch im einzelnen sind, in einem einig sind: Israel soll ein autonomer Nationalstaat werden, die Heimat für das jüdische Volk, eine endgültige Heimstatt nach zwei Jahrtausenden der Diaspora – und keine Konföderation mit den arabischen Nachbarstaaten.

Diese Debatte zieht sich hin, doch findet die Position Arendts und Magnes' nie genügend Anhänger, um jene Gruppierungen, die für die Errichtung eines jüdischen Staates um jeden Preis eintreten, zu überzeugen. Die Perspektive eines jüdisch-arabischen Staatenbunds wird von den meisten als Verkleinerung, ja Beeinträchtigung der jüdischen Sache angesehen. Diese ist von Anfang an tief religiös durchdrungen. Die Staatsgründung darf im Bewußtsein der meisten gläubigen wie auch der laizistischen Juden nicht verwässert werden. Eine politische Gründung des jüdischen Volkes erlaubt nur eine religiös-staatliche Einheit, keine laizistische Staatsbildung. 1973 wird Arendt im Gespräch mit dem französischen Intellektuellen Roger Errera sagen, daß die jüdische Religion keine Religion wie andere – sie meint das Christentum – sei, sondern eine „Lebensweise". Man könne Israel daher auch keine Säkularisierung verordnen.

Doch in den vierziger Jahren wendet sie sich enttäuscht von den zionistischen Gruppierungen ab, eben weil diese zu einer rein politischen Nationengründung nicht bereit und in der Lage sind.

Parallel zu ihrem Engagement für die jüdische Selbstbehauptung beginnt sie wieder zu schreiben und zu forschen: Buchrezensionen,

Studien zur Geschichte des europäischen Judentums und zum Antisemitismus in Frankreich. In einigen Artikeln führt sie die These vom Paria als der einzig möglichen Existenzweise für Juden weiter aus (siehe auch Kap. IV).

Diese Studien betreibt sie mit der immer stärker werdenden Überzeugung, daß es sich bei dem Antisemitismus, der sich Ende des 19. Jahrhunderts in Deutschland und Frankreich herausbildet, um ein neues, modernes Phänomen handelt, das zum Entstehen der totalen Herrschaft entscheidend beigetragen hat. Was ihn in ihren Augen vom traditionellen Antisemitismus unterscheidet, ist die Offensichtlichkeit seines Ziels: die systematische Vernichtung seiner Opfer und zugleich seine Nicht-Funktionalität. Seine Opfer haben nichts getan, weder sind sie oppositionell, noch ist ihre Vernichtung in irgendeiner anderen Hinsicht zu etwas „nützlich".

Ende November 1942 gelangen erste Nachrichten über systematische Massenmorde an Juden im besetzten Polen und in Deutschland über die Genfer Vertreter des Jüdischen Weltkongresses in die Vereinigten Staaten. Die Ungläubigkeit, mit der die Emigranten diese Nachrichten zunächst aufnahmen, weicht schließlich dem Entsetzen darüber, daß in Europa etwas geschehen war, wofür, wie Arendt später formulieren wird, „niemand im Ernst die Verantwortung ... übernehmen kann" (EuU 704).

Langsam dringen die Nachrichten in das Bewußtsein ein. Man muß nun das Unmögliche denken, das, was niemand in den schlimmsten Alpträumen geträumt hatte. „Keine Messe wird man singen, keinen Kaddisch wird man sagen", titelt Arendt, Heine zitierend, im „Aufbau" und fügt hinzu: „Diese Toten hinterlassen keine geschriebenen Testamente und kaum einen Namen ..." (AS 67 f.). Später wird sie die Herausforderung, die dieser Massenmord für das politische Denken darstellt, mit den Worten des französischen Dichters René Char umschreiben: „Notre héritage n'est précédé d'aucun testament" – unserer Erbschaft ist keinerlei Testament vorausgegangen. Dieses Zitat verwendet sie wiederholt und bezeichnet damit die Herausforderung, daß man sich denkend und handelnd einem Ereignis stellen muß, das man eigentlich überhaupt nicht wie andere Ereignisse verarbeiten kann, da es sämtliche vorstellbaren Dimensionen sprengt.

Unter den Sprachlosigkeit erzeugenden Umständen bildet sich allmählich jene Leitfrage heraus, die Arendts Arbeiten in den vierziger und fünfziger Jahren begleitet: Wie konnten diese unerhörten Ereignisse unter den Augen der Welt, inmitten des zivilisierten Europa geschehen? Auf welche Ursprünge, Elemente, Voraussetzungen gehen sie zurück? Von Beginn an, d.h. seit Mitte der vierziger Jahre, ist Arendt überzeugt, daß ein solcher Bruch aller Traditionen des menschlichen Zusammenlebens nicht nur neu ist, sondern daß er auch die gewachsenen Überzeugungen und wissenschaftlichen Denk- und Analysemethoden in Frage stellt, mit denen man in der Regel Geschehenes beschreibt und begreift.

Ihr Nachdenken über den neuen Typus von Herrschaft, mit dem sie ursprünglich nur den Nationalsozialismus bezeichnete, um dann nach längerer Überlegung auch das terroristische Regime in der Sowjetunion unter Stalin mit einzubeziehen, bewegt sich auf zwei Ebenen: Sie will die Hintergründe und die Ursachen des Geschehens freilegen – und sie debattiert die Konsequenzen, die die Ereignisse für die wissenschaftliche Reflexion und das politische Denken haben. Sie veröffentlicht die Ergebnisse ihres Nachdenkens in mehreren Aufsätzen und Artikeln, bevor sie sie zu einem Buch zusammenfügt.

1951 erscheint in New York *The Origins of Totalitarianism*. Im gleichen Jahr erscheint die englische Ausgabe unter dem Titel *The Burden of Our Time*.

Das Jahr 1951 ist noch aus einem anderen Blickwinkel her bedeutsam. Nach 14 Jahren Staatenlosigkeit und beinahe 18 Jahren Leben im Exil erhält Arendt am 11. Dezember 1951 die amerikanische Staatsbürgerschaft. An Jaspers schreibt sie aus gegebenem Anlaß: „Zu meiner Citizen-Prüfung, besser zur Feier derselben, habe ich ein wenig amerikanische Verfassungsgeschichte gelernt. Wirklich großartig, bis in jede einzelne Formulierung hinein. Und vieles ist davon noch lebendig" (AJ 209).

1955 erscheint die erste deutsche Auflage des Buches unter

dem Titel *Elemente und Ursprünge totaler Herrschaft*. Für die deutsche Ausgabe überarbeitete Arendt das Buch zum Teil beträchtlich und fügte unter anderem ein neues Schlußkapitel – „Ideologie und Terror: eine neue Staatsform" – hinzu. Ihr Lehrer und Freund Karl Jaspers schrieb ein „Geleitwort". Das Buch widmete sie ihrem Mann Heinrich Blücher.

Das Buch ist in drei Abteilungen gegliedert: die Geschichte des europäischen Antisemitismus, der Imperialismus und seine Auswirkungen auf die europäische politische Kultur – und schließlich der dritte Teil über das Wesen der „totalen Herrschaft". Für diesen dritten Teil ist das Buch berühmt geworden, während die beiden anderen Teile heute eher in den Hintergrund getreten sind.

Im Grunde konnte jeder der Teile als eigenständiges Buch gelten: der erste Teil als eine Kulturgeschichte des europäischen Antisemitismus, der zweite Teil als eine kurze Geschichte des britischen Imperialismus und der dritte Teil als eine Analyse der totalen Herrschaft. Für dieses Argument spricht auch der Umstand, daß die einzelnen Teile je eigene Vorworte haben und zum Teil getrennt veröffentlicht worden sind. Warum Arendt dennoch die Teile als Ganzes sah, bedarf der Erklärung.

Im Grunde, so geht aus dem Argumentationsfluß des Buches hervor, ist dieser neue Typus von Herrschaft ohne die Entstehung eines neuartigen Antisemitismus und ohne den Zerfall der europäischen Staatenordnung im Zeitalter des Imperialismus nicht zu verstehen. Damit ist der innere Zusammenhalt des dreibändigen Konvoluts benannt. Doch wehrt sich Arendt andererseits wiederholt gegen einen Determinismus, nach dessen Maßgabe ein starker Antisemitismus oder die Machtentfaltung des Imperialismus notwendigerweise zur totalen Herrschaft hätten führen müssen. Sie legt sich schon früh darauf fest, daß der Fluß der Geschichte immer wieder durch Kontingenzen und durch den freien Willen der geschichtlichen Akteure beeinflußt wird. Geschichte ist von unvorhersehbaren Ereignissen bestimmt und wird von freien Personen getragen, die Verantwortung für ihr Handeln übernehmen müssen. Diese Maxime verträgt sich nicht mit der Annahme einer – positiven oder negativen – Geschichtsteleologie. Doch etwas anderes ist es, *zu verstehen* was geschehen ist. Und zu diesem Verstehen gehören die näheren und ferneren Hintergründe und geschichtlichen Vorläufe zu den Ereignissen wie diese selbst.

Der Arendtsche Erzählfluß in *Elemente und Ursprünge totaler Herrschaft* erschließt sich nur denen, die sich auch in seinen Mäandern aufhalten. Und damit ist man schon bei einer weiteren Besonderheit des Arendtschen Schreibstils, der sich in jenen Jahren herausbildet: Arendt *erzählt* ihre Bücher. Sie systematisiert sie weniger, als daß sie die jeweiligen Tableaus und ihre Thesen erzählend ausbreitet. Historisches Erzählen, durchwoben mit politischer und philosophischer Reflexion, für diesen Stil wird Arendt berühmt werden. Und für diesen Stil wird sie von ihren Wissenschaftlerkollegen immer wieder als sprunghaft und unwissenschaftlich, impressionistisch oder existentialistisch kritisiert werden.

Historisches Erzählen ist jedoch offensichtlich für Arendt nicht nur eine Frage des Schreibstils, sondern es ist auch Ergebnis der Einsicht, daß Dichtung und Philosophie, Literatur und politische Reflexion integrale Bestandteile einer erzählenden Tradition sind, die sich von einer Generation auf die nächste übertragen lassen, wenn sie denn nicht zerstört werden.

Die Dichtung und die Epik der jeweiligen Zeit sagen in Arendts Sicht oft mehr über die Tiefenströmungen eines Zeitalters aus als seine wissenschaftliche Prosa. Daher wendet sie sich in den beiden ersten Teilen von *Elemente und Ursprünge totaler Herrschaft* ausführlich der Literatur des 19. und 20. Jahrhunderts zu. Marcel Prousts Sittengemälde der französischen Gesellschaft in seinem Roman *Auf der Suche nach der verlorenen Zeit* ist für sie ebenso unabdingbar für das Verstehen des modernen europäischen Antisemitismus, wie Joseph Conrads *Herz der Finsternis* oder der Lebensweg des „Lawrence of Arabia" bedeutsam werden, wenn man begreifen will, warum sich der Siegeszug des Imperialismus so zerstörerisch auf die politische Kultur in den demokratischen Mutterländern auswirkte.

Die Präsenz von Autoren der Weltliteratur in diesem politischen Buch dient daher nicht nur der Illustration, der Versinnbildlichung der Argumentation. Arendt erachtet das „Storytelling" als dem Charakter geschichtlicher Ereignisse einzig angemessen. Angesichts von Geschehnissen, die niemand vorhersehen konnte, geschweige denn erklären kann – was für Arendt mit einem Bedeutungsverlust des (geistes-)wissenschaftlichen Analyseinstrumentariums einhergeht –, erscheint das Berichten, „wie es war", als einzig legitime Antwort. – Die methodische Radikalität, die in dieser Aussage liegt, wird bis heute von der Geschichtswissenschaft oder der Politikwissenschaft noch kaum aufgegriffen.

Betrachtet man den Ertrag der einzelnen Teile, so liegt das Neue und zugleich Provozierende an dem ersten Teil zunächst einmal in der Entschiedenheit, mit der Arendt darauf besteht, daß der europäische Antisemitismus, dessen mörderische Gestalt sich vor allem in Deutschland zeigt, präzedenzlos ist. Er ist nicht nur mörderischer, indem mehr Juden durch ihn umkommen, sondern er muß als neuer Typus wahrgenommen werden, darauf beharrt Arendt. Es ist ein Antisemitismus, der weder mit dem christlichen Judenhaß gleichzusetzen noch mit der Sündenbock-Theorie zu erklären ist, nach der die Juden als stellvertretende Opfer für innere soziale Spannungen oder politische Intrigen büßen müssen.

Geradezu provokatorisch klingt in diesem Zusammenhang Arendts These, daß die Massenmorde in dem Augenblick geschahen, als die Juden keinen gesellschaftliche Einfluß mehr hatten. Dies läuft nicht nur der antisemitischen Verschwörungstheorie entgegen, die von einer geheimen, ungreifbaren Stärke, ja weltweiten Verschwörung des Judentums ausgeht, sondern widerspricht auch den bis heute verbreiteten Vorurteilen über die überproportionale Präsenz der Juden in wichtigen gesellschaftlichen Bereichen.

Im Unterschied zu anderen Untersuchungen, die ihr Hauptaugenmerk auf das Phänomen des Totalitarismus und seine Erscheinungen richten, behauptet Arendt, daß der Schlüssel für die „wachsende Feindseligkeit bestimmter gesellschaftlicher Gruppen gegen die Juden" in der Geschichte ihres Verhältnisses zum Staat liege (EuU 35).

Sie berichtet, wie sich seit dem 17. Jahrhundert das prekäre Verhältnis zwischen den „Ausnahmejuden" und ihren Schutzherren, den Fürsten, Königen oder Kaisern, herausbildete. Immer war die herrscherliche Gunst, unter die die Juden gestellt wurden, weil sie nützliche Dienste erwiesen (z. B. Gelder für die Kriegführung zu beschaffen), nur für bestimmte Personengruppen gültig und sperrte andere, d. h. die Mehrheit der jüdischen Gemeindemitglieder, aus.

Von einer „Zweideutigkeit der Emanzipation" spricht Arendt, innerhalb deren nicht nur die Freizügigkeit auf immer größere Gruppen von Juden ausgedehnt wurde, sondern auch letztendlich ihre Gemeindestrukturen zerfielen. Der Staat des 18. und 19. Jahrhunderts stellte einen Teil der Juden gleich, verhinderte aber zum Beispiel die Integration der jüdischen Intelligenz in die entsprechenden Berufsgruppen. Daher hatten die Juden nie die Möglichkeit, sich sozial zu organisieren. Erst recht konnten sie sich nicht politisch organisieren.

Mit der Ergründung der Ursachen für das Neue am modernen Antisemitismus kehrt Arendt erneut zu der Problematik der Assimilation zurück, einem kulturgeschichtlichen Phänomen, dessen Scheitern sie seit ihrem Buch über *Rahel Varnhagen* immer wieder aufgegriffen hatte.

Die Auswirkungen einer gescheiterten Assimilation schildert sie unter anderem auch am Beispiel des englischen Politikers Benjamin Disraeli. Er verkörpert den Ausnahmejuden, der selbst zum Rassisten wird, weil er jegliche Verbindung zu seinem Volk und dessen Kultur verloren hat. Disraeli stellt für sie das Dilemma eines assimilierten Juden, der nirgendwo zugehörig ist, beispielhaft dar.

Die Staatsnähe der Assimilierten, ihre Abhängigkeit und das gegenseitige Profitieren von Staat und „Ausnahmejuden" boten jedoch nur zeitweise einen Ausweg aus der Rechtlosigkeit. Auf lange Frist war diese eher Teil des Problems. Denn der moderne Antisemitismus setzt nun Assimilation mit Staatsnähe gleich und erklärt sich selbst als entschieden antistaatlich. Dies ist das Neue am modernen Antisemitismus für Arendt, daß seine Anführer eben nicht mehr Fürsten, Religionsoberhäupter oder Ministerpräsidenten sind, sondern Bewegungen, die in ihrer Propaganda den Staat mit den Juden gleichsetzen und ihn daher zerstören wollen.

Daher ist die retrospektive populäre Gleichsetzung von Antisemitismus und Nationalismus irreführend, denn das rassistische Verständnis des Staates anerkennt keine „politische Nation". Seine Protagonisten wollen diese vielmehr zerstören und sie ersetzen durch eine völkische Gemeinschaft.

Wie dieser Prozeß beginnt, erzählt Arendt am Beispiel des Dreyfus-Skandals. Jene seit 1894 in die Geschichte eingegangene Militärintrige gegen den jüdischen Hauptmann Dreyfus, die selbst dann kein Ende fand, als der „wahre Verräter", ein bankrotter österreichischer Offizier, ausfindig gemacht war, spaltete die französische Nation auf Jahrzehnte hinaus. Die Affäre ist für Arendt ein Indiz für den inneren Zerfall des französischen Gemeinwesens. In seinem Verlaufe stellte sich das französische Parlament als korrupt, Politiker, Kirchenleute und Militärs als verlogen und der Antisemitismus als starke Triebkraft der öffentlichen Leidenschaften heraus. Ein neues Phänomen trat in den Volksaufläufen und gewalttätigen Demonstrationen auf: der Straßenmob, der den Rechtsstaat umso mehr verachtet, je schwächer dieser sich zeigt. In dieser Situation treten der Antisemitismus und die ihn begleitenden Ideologien in einer neuen Gestalt auf: als Elemente einer geschlossenen Verschwörungsideologie, nach deren Ratio die Juden an allen wirtschaftlichen und politischen Übeln schuld sind.

Wie der Antisemitismus dazu beiträgt, die bürgerliche Gesellschaft von innen her auszuhöhlen, so trägt der Imperialismus zur Selbstzerstörung des demokratischen Nationalstaats bei.

„Das vorliegende Buch", schreibt Arendt im Vorwort zum zweiten Teil über den Imperialismus, „behandelt nur den europäischen Kolonialimperialismus im strengen Sinn, der mit der Liquidierung der britischen Herrschaft über Indien sein Ende fand.

Es berichtet vom Zerfall des Nationalstaats, eine Geschichte, die, im nachhinein betrachtet, bereits fast alle Elemente enthielt, die dann das Aufkommen totalitärer Bewegungen und Staaten ermöglichten. Erst mit dem imperialistischen Zeitalter entstand so etwas wie Weltpolitik, ohne die wiederum der totalitäre Anspruch auf Weltherrschaft keinen Sinn gehabt hätte. Während dieser Epoche erwies sich das Nationalstaatensystem als unfähig, entweder neue Regeln für die Außenpolitik, die zur Weltpolitik geworden war, auszubilden oder aber dem Rest der Welt eine Pax Romana aufzuzwingen. Seine politische Engstirnigkeit und Kurzsichtigkeit führten am Ende zur Katastrophe der totalen Herrschaft, deren beispiellose Greuel die unheilvollen Ereignisse und die noch unheilvollere Mentalität der vorhergehenden Epoche in den Schatten gestellt haben" (EuU 215).

Arendt konzentriert sich im zweiten Teil auf zwei Argumentationszusammenhänge: einerseits die Selbstvergessenheit, in die der Imperialismus die bürgerlichen Klassen in Europa versetzt, und zum zweiten die Verheerungen, die der weltweite Raubzug des Kapitals sowohl in den eroberten Gebieten als auch im Innern der demokratischen Nationalstaaten anrichtet. Es ist aufschlußreich, daß Arendt hier phänomenologisch nicht weit entfernt ist von den Imperialismustheorien Lenins und Rosa Luxemburgs. Doch im Unterschied zu jenen orientiert sie sich nicht auf den vermeintlichen Endpunkt der Entwicklung, den Zusammenbruch des Kapitalismus, der dann zur – eventuell auch erzwungenen – Revolution führen soll. Zu der Zeit, als Arendt diesen Teil schreibt, ist das Zeitalter der marxistischen Revolutionstheorie abgeschlossen, während das Zeitalter der totalen Herrschaft noch nicht zu Ende ist. Daher richtet sie den Blick auf den Niedergang der demokratischen Nationalstaaten in Europa, der dann in den Ersten Weltkrieg und schließlich zum Zerfall der europäischen Staatenlandschaft führt. Wie schon im Antisemitismus-Teil charakterisiert Arendt diesen Vorgang als allmählichen, jedoch keineswegs determinierten Prozeß, der dann zur inneren Zerstörung der europäischen Mutterländer führt. Arendt meint hier vor allem, daß die demokratische innere Ordnung innerhalb der Nationalstaaten – Gewaltenteilung, parlamentarische Kontrolle der Exekutive, Organisierung des politischen Volkswillens in Parteien, Rechtsstaatlichkeit – außer Kraft gesetzt wird, ohne daß dies auf den Widerstand der Beteiligten stößt. Im Gegenteil, so ihre These: Die europäische Bourgeoisie unternimmt ihre imperialistischen Raubzüge im Glauben, daß sie damit auch eine politische Mission vollbringt, die Mission von der Suprematie der weißen Rasse. Diese Pervertierung der Vorstellung von politischer Macht aber trägt andererseits zum Zerfall des inneren „politischen Körpers" bei, worunter Arendt die Gesamtheit aller in Freiheit geschaffenen Regularien zur Organisierung des Volkswillens meint.

Die Besonderheit dieses politischen Tableaus zeichnet sich dadurch aus, daß die Nationalstaaten Imperien gründeten, deren Ausdehnung sich der Kontrolle der im Mutterland aufgebauten demokratischen Organe entzog. In den Kolonien wurden „Maßnahmeregimes" errichtet, die nicht nur undemokratisch waren, sondern sich auch systematisch der parlamentarischen Kontrolle durch das Mutterland entzogen. Diese Besatzungsherrschaften entwickelten sich im Zeitalter des Imperialismus zu eigenständigen Bürokratien. De facto übernahm damit die Exekutive in den Kolonien die Herrschaft, während sie im Mutterland die Legitimität von Regierung und Parlament unterminierte.

Eine Spezifik dieses Vorgangs liegt auch in einer genuinen Staatsfeindlichkeit des Imperialismus. Diese spiegelt sich im übrigen in den kontinentalen imperialistischen Bewegungen wider. Als solche ordnet Arendt die nach dem Ersten Weltkrieg entstehenden revanchistischen und Pan-Bewegungen in Mitteleuropa ein, Bewegungen, die aus dem Staatenzerfall entstanden und imperialistische bzw. revanchistische Ideologien vertraten.

Es ist ein langer Prozeß, den Arendt hier beschreibt. Er beginnt mit der seinerzeit von Marx so bilderreich beschriebenen Dynamisierung der kapitalistischen Produktion im 19. Jahrhundert, läuft über die Eroberung ganzer Erdteile durch die großen Kolonialmächte und endet schließlich in einem Krieg der europäischen Mächte um die Aufteilung der Einflußgebiete und Rohstoffvorkommen.

Natürlich gehört zu der besonderen Art von gesetzloser Herrschaft in den Kolonien auch eine kollektive Mentalität. Anschaulich schildert Arendt, die zeitgenössische Literatur weidlich zitierend, wie die Organisatoren der imperialistischen Raubzüge, ihre Verwalter am Ort und die Heerscharen entwurzelter Existenzen aus Europa, die es ihnen gleichtun wollten, sämtliche Zivilisationsschranken fallenlassen und sich wie gewöhnliche Mörder verhalten, die den Genozid kalkulieren, wenn er der Vermehrung der Ausbeute dient. Der Rassismus, der ja lange schon auf dem Kontinent und auch in England präsent war, um im 19. Jahrhundert die Oberhand zu gewinnen, liefert ihnen dazu die Legitimation. Dieser moderne Rassismus bildet sich nicht erst auf den Raubzügen heraus. Er entstand auch aus dem traditionellen Rassismus, mit dem der französische Comte de Boulainvilliers die Herrschaftsansprüche des französischen Adels legitimiert oder Benjamin Disraeli die Vorzugsstellung des Engländers. Doch im Unterschied zu dem traditionellen Rassisten anerkennt der moderne rassistische Führer keine Grenzen; er will auch nicht nur die Machtstellung einer Schicht verteidigen. Er will vielmehr weltweit alle kulturellen Traditionen und quasi-politischen Strukturen, die sich ihm entgegenstellen, zerstören. Sein Rassismus bezieht sich auf alles, was nicht-englisch, nicht-französisch, nicht-spanisch, nicht-deutsch ist.

Die Verfassungen von Nationalstaaten aber beziehen sich auf ein bestimmtes Gebiet und sind nicht beliebig übertragbar. Letztendlich ist der demokratische Staat, aufgebaut seit dem 17. Jahrhundert, der gewaltigen Zentrifugalkraft, die der Imperialismus nach außen hin entfaltet, nicht gewachsen.

Unter diesen Voraussetzungen, so die These Arendts, können im Zeitalter des Imperialismus jene beiden Ideologien aufsteigen, die dann die nationalen Gesellschaften ergreifen: die rassistische Ideologie von der Transformation der politischen Ordnung durch die Auferstehung des Volkstums und die dogmatische Lehre vom Klassenkampf als dem Motor der Geschichte.

Dieser Thematik widmet sich Arendt im dritten und letzten Teil von *Elemente und Ursprünge totaler Herrschaft*. Hier schließt sie an die Diagnose des Mittelteils an und beschreibt den inneren Zerfall der verfaßten Nationalstaaten am Beispiel des „Untergangs der Klassengesellschaft" und des Heraufkommens eines neuen Typus von politisch nicht organisierungswilligen Massenbewegungen. Unter dem „Untergang der Klassengesellschaft" versteht Arendt vor allem den Zerfall der politischen Strukturen und des nach Klassen gefügten Zusammenhalts der Gesellschaft. Das alte Parteiensystem wird durch spontan entstehende, antipolitische Bewegungen ausgehöhlt, in denen spontan agierende, unberechenbare „Massen" und nicht mehr die gewählten Repräsentationsorgane und Meinungsführer die entscheidende Rolle spielen. Diese Massen, so heißt Arendts These, haben nicht irgendein Interesse, das sie mittels Organisationen vertreten, sondern sie zeichnen sich durch Interesselosigkeit aus:

„Der Ausdruck ‚Masse' ist überall da zutreffend und nur da, wo wir es mit Gruppen zu tun haben, die sich, entweder weil sie zu zahlreich sind oder weil sie zu gleichgültig für öffentliche Angelegenheiten sind, in keiner Organisation strukturieren lassen, die auf gemeinsamen Interessen an einer gemeinsam erfahrenen und verwalteten Welt beruht, also in keinen Parteien, keinen Interessenverbänden, keinen lokalen Selbstverwaltungen, keinen Gewerkschaften, keinen Berufsvereinen" (EuU 502).

Die nationalen Eliten schließen sich, zumindest zeitweilig, den neuen Massenbewegungen an und tragen so auf ihre Weise zur Zerstörung der politischen Ordnungen bei. Neben Frankreich ist hier natürlich Deutschland das große Beispiel. Vom desaströsen Ende des Ersten Weltkriegs, der dann als Bürgerkrieg die deutsche Gesellschaft durchdringt, läßt sich die alte Elite in eine Position der absoluten Destruktion treiben. Die sogenannte „Frontgeneration", die sich nach dem Ausgang des Krieges ohne Zukunft dastehen sieht, bekämpft die neu eingesetzte politische Elite. Für sie ist der Krieg nicht zu Ende, es geht vielmehr um die Vorbereitung eines neuen Waffengangs. Sie verbündet sich mit den verarmten und unzufriedenen Massen von Arbeitern und Mittelständlern. Das Bündnis hält zwar nur so lange, wie die Machtsituation nicht entschieden ist. Seine Auswirkungen tragen aber entscheidend zum Zerfall der ohnehin geschwächten demokratischen Gesellschaft bei.

Vor diesem Hintergrund tritt der totalitäre Charakter der Massenprotestbewegungen deutlich hervor. In dem Kapitel über die „totalitäre Bewegung" widmet sich Arendt den Organisationsprinzipien dieser Bewegung. Deren besonderen Charakter leitet sie vor allem daraus ab, daß sie antistaatlich ist; sie richtet sich nicht nur gegen den bestehenden Staat und die verächtlich „System" genannte eigene politische Ordnung, sondern gegen jede demokratische Staatsbildung.

Neben Deutschland steht besonders das bolschewistische Rußland unter Stalin beispielhaft für die Auswirkungen totalitärer Bewegungen und Regimes. Auch in der Sowjetunion sieht Arendt in den dreißiger Jahren die alte Arbeiterbewegung, die das revolutionäre Regime hervorbrachte, in eine atomisierte Masse interesseloser und williger Individuen zerfallen. Zunächst habe Stalin die politischen Organisationen der Arbeiterklasse abgeschafft und deren Angehörige in eine Masse von Zwangsarbeitern verwandelt, dann habe er die soziale Gliederung der Bauernschaft zerstört und schließlich die alte Elite liquidiert.

Die besondere Funktionalität der totalitären Bewegung unter der Diktatur liegt nun darin, daß sie jederzeit mobilisiert werden kann, jedoch keine eigenen Interessen hat und so dazu gebracht werden kann, ihrer eigenen Liquidierung zuzustimmen.

Wie nun diese paradoxe Lage entsteht, daß aus interessegeleiteten, politisch organisierten Klassen ohne großen Widerstand willenlose Massen werden, das ist, so Arendt, ohne die Wirkung der totalitären Ideologie überhaupt nicht zu begreifen.

Mittels Propaganda und Ideologie schaffen die Führer der totalitären Regimes eine fiktive Welt, die die Welt der je individuellen Erfahrung ersetzen soll.

Das Kriterium der Ideologien im Unterschied zu Theorien oder Maximen besteht darin, daß Ideologien behaupten, „den Schlüssel zur Geschichte zu besitzen oder die Lösung der Welträtsel oder die Kenntnis der verborgenen, alles beherrschenden Gesetze, welche die Prozesse des Natur- und Menschenlebens regeln" (EuU 268). Ausschlaggebend sei aber, daß sich die entstehenden Ideologien auch auf Erfahrungen stützen könnten. Sie sind also nicht schlechthin ausgedacht, sondern entstehen in der propagandistischen Verarbeitung von Erfahrungen. Auf dieser Besonderheit wird Arendt auch im letzten Teil bei der Beschreibung der totalen Ideologie beharren.

Der dritte Teil über die „totale Herrschaft" ist vor allem aufgrund seines letzten Kapitels berühmt geworden. Dieses Schlußkapitel, das Arendt nach Veröffentlichung der amerikanischen Ausgabe *The Origins of Totalitarianism* (1951) geschrieben hatte, verdichtet noch einmal die These, daß es sich bei der totalen Herrschaft um eine neue Staatsform handelt. Von diesem Schlußkapitel her erhält das Buch eine besondere Akzentuierung. In den drei dem Schlußkapitel vorhergehenden Kapiteln spitzt Arendt die Erkenntnisse der ersten beiden Teile zu und bezieht sie auf den Nationalsozialismus und die Sowjetunion unter Stalin: Sie erläutert, wie der Zusammenbruch der bürgerlichen bzw. semibürgerlichen politischen Kultur sich in Deutschland und Rußland vollzieht, wie die parlamentarische Selbstherrschaft allmählich durch die Herrschaft von antistaatlichen, antipolitischen Bewegungen ersetzt wird und wie die nationalen Eliten sich mit diesen Bewegungen verbünden, ehe sie von ihnen wieder abgestoßen werden. Vor allem aber wird auch dargelegt, wie dieser neu entstehende Herrschaftstypus organisiert ist. Nach damals vorliegenden Beobachtungen und Erfahrungen anderer skizziert Arendt die totale Herrschaft als System umeinander rotierender Machtkreisläufe, die sich gegenseitig blockieren und gegebenenfalls vernichten.

Arendt stellt jedoch nicht so sehr den Herrschaftsapparat in seinen Verzweigungen als vielmehr die beiden Fundamente, auf denen sich die totale Herrschaft aufbaut, in den Mittelpunkt: Ideologie und Terror.

Das neue System verfügt über eine geschlossene, in sich widerspruchsfreie Weltanschauung, die, da sie rudimentär an Erfahrungen anknüpft, in den Augen sehr vieler Plausibilität besitzt. Doch das Zentrum bildet der Terror.

„Die Sprengung unserer politischen Kategorien durch das Auftreten totalitärer Bewegungen und Herrschaftsapparate wird ganz offenkundig, wenn wir uns vergegenwärtigen, daß unsere Urteile über Staaten und Regierungen seit den Theorien der Antike auf der Unterscheidung zwischen gesetzmäßiger Regierung und tyrannisch-gesetzloser Willkür beruhen" (EuU 705).

Im Unterschied zu anderen Formen tyrannischer Herrschaft sei die totale Herrschaft aber eben nicht willkürlich; sie gründe auf den Ideologien „Gesetz der Geschichte" oder „Recht der Natur" und sei bestrebt, eine Welt herzustellen, die nach Gesetzen dirigiert werden könne. In ihrem Zentrum aber steht der „Terror als das eigentliche Wesen der totalitären Herrschaft" (EuU 710). Die Gesellschaft werde einzig und alleine durch das „eiserne Band" des Terrors zusammengehalten. Die Besonderheit dieses Terrors besteht darin, daß er nicht – wie in der Despotie oder der Tyrannei – zwischen Schuldigen und Unschuldigen unterscheidet, sondern grundsätzlich alle für potentiell schuldig erachtet, wenn er denn nicht – wie im Falle des Nationalsozialismus – diese Kategorien aus der Sprache des Rechtsstaates für überflüssig erklärte, weil er die Rolle des Opfers ohnehin schon mit den Juden besetzt hatte.

Demnach bestand das Neuartige darin, daß die totale Herrschaft weder willkürlich noch irrational war, daß sie streckenweise ohne Funktionalität auskam um des höchsten Zieles willen – der Durchführung der Gesetze von Geschichte oder Natur – und die Organisierung des Terrors ins Zentrum ihrer Aktivitäten stellte.

Die Besonderheit der Arendtschen Perspektive auf die totale Herrschaft lag in ihrer Betonung des Zusammenhangs von Ideologie und Terror. Im Unterschied dazu nahmen andere Totalitarismusforscher, Juristen oder Politikwissenschaftler eher Aspekte wie die Transformierung des Rechtsstaats in den „Maßnahmestaat" (Ernst Fraenkel), die Veränderungen in der Herrschaftsorganisation (Carl

J. Friedrich und Zbigniew Brzezinski) oder die Rolle des Staates und der Wirtschaft (Franz Neumann) in den Blick. Den Terror bewerteten sie in der Regel als Mittel zum Zweck, wohingegen Arendt ihn als Selbstzweck darstellte.

Wie sehr Arendt bemüht war, die Neuartigkeit des Herrschaftstyps herauszustellen, wird insbesondere daran deutlich, daß der letzte Teil des Buches erste Schritte zu einer methodologischen Reflexion des Problems der totalen Herrschaft enthält. Denn wenn es zutrifft, was Arendt behauptete, daß totale Herrschaft ein völlig neuer Typus von Herrschaft sei, müßte dieser Umstand auch seinen Niederschlag in der Reflexion der analytischen Methoden finden.

Und in der Tat behauptet Arendt, daß das Aufkommen der totalen Herrschaft das politische wie das sozialwissenschaftliche Denken radikal in Frage stelle, ja seine Unglaubwürdigkeit ans Licht kommen lasse. Mehr noch: Die totale Herrschaft zerstöre auch das dem wissenschaftlichen Denken vorgängige intuitive Denken, den gesunden Menschenverstand. So schreibt sie:

„Was der gesunde Menschenverstand, was ‚normale Menschen' nicht glauben, ist, daß alles möglich ist. Die größte Schwierigkeit, die einem angemessenen Verstehen des totalitären Phänomens entgegensteht, ist diese Stimme des Unglaubens, die in jedem von uns sitzt und uns mit den Argumenten des gesunden Menschenverstands schlecht zuredet. So versucht man als ‚Verbrechertum' zu klassifizieren, was doch unter keiner solchen Kategorie je vorgesehen war" (EuU 679).

Von dieser Annahme aus, daß totale Herrschaft kein wissenschaftliches Gegenstandsfeld wie andere Herrschaftsformen auch ist, sondern ein völlig neues Phänomen, dem die wissenschaftliche Betrachtung sich erst noch gewachsen zeigen muß, formuliert Arendt die ersten Ansätze zu einer revidierten Hermeneutik. Angesichts des schlechthin Unverstehbaren – dem nicht-funktionalen Terror – wird die Aufgabe des *Verstehens* für sie zur überwölbenden Idee, die allen anderen geistigen Tätigkeiten zugrunde liegt, wie zum Beispiel: dem Urteilen, dem Handeln, dem In-der-

Öffentlichkeit-sein. In ihren Überlegungen zum Status des Verstehens im wissenschaftlichen Denken konzentriert sich Arendt daher auf die Reflexion der Instrumente wissenschaftlicher Analyse, die ihrer Auffassung nach durch die totale Herrschaft grundsätzlich in Frage gestellt worden sind.

Ein *Verstehen des Verstehens*, d.h. ein Begreifen dieses Ansatzes von Arendt, erfordert unbedingt eine Historisierung. Wer über Arendts Verstehensbegriff – im Unterschied etwa zu Heideggers oder Gadamers – spricht, der darf nicht beiseite lassen, daß sie als aus Europa vertriebene Bürgerin von einem Punkt äußerster auch methodologischer Ratlosigkeit aus spricht. Es ist intellektuelle Not, die sie diesen Schritt vollziehen läßt, das sozialwissenschaftliche Erkenntnisinstrumentarium en gros für nutzlos zu erklären.

Beim Überblick über philosophische, politische und sozialwissenschaftliche Kategorien, die für das Begreifen des Totalitarismus hilfreich sein könnten, unterscheidet Arendt zunächst und vor allem zwischen wissenschaftlicher Analyse und dem (Nach-)Denken über ein Phänomen, eine Erscheinung. Deshalb ist es wenig sinnvoll, sich Arendts Kategorie des Verstehens so zu nähern, als handele es sich schlicht um eines von vielen theoretischen Konzepten. Gewiß stützt sie sich wie viele andere auf einen breiten Kanon philosophischen und politischen Denkens. Zu ihren Vorvätern gehören: Aristoteles und Platon, Augustinus, Duns Scotus, Kant, Montesquieu, Tocqueville, Nietzsche, Marx, Heidegger, Jaspers. Aber sie unterscheidet sich grundlegend darin, daß sie das Denken systematisch an außer- oder vorwissenschaftliche, außer-philosophische, eben weltliche Präsenz, Erfahrung, Ereignisgeschichte knüpft.

Nicht zufällig lehnt sie es ab, sich als Philosophin zu bezeichnen, möchte sich lieber als politische Denkerin verstanden wissen. Für sie liegt die eigentliche Herausforderung des Verstehens, was totale Herrschaft ist, nicht in der Rekonstruktion von Bedeutungen oder Ideologien oder Funktionen, sondern im Verstehen der Sinnlosigkeit und Zufälligkeit systematischer Vernichtung von Menschen.

Angesichts dieses Problems verweigert sich Arendt in *Elemente und Ursprünge totaler Herrschaft* wie auch in den Aufsätzen, die dem Buch vorausgehen oder ihm folgen, dem Rückzug auf ein in sich geschlossenes Denken in Erklärungsmodellen oder Systemen. Man sollte diese Besonderheit im Auge behalten, wenn man über die methodologischen Implikationen des Buches spricht.

Zwei Aspekte treten dabei besonders hervor:

Erstens: Die epistemologische Verortung von Arendts Reflexion über Verstehen ist eng an die Kategorien des „Unbegreiflichen", des „Unverstehbaren" gekoppelt. Für Arendt verlangt der Umstand, daß totale Herrschaft in den Kategorien der wissenschaftlichen Analyse zwar beschreibbar, aber ihrer Meinung nach nicht verstehbar ist, nach einem anderen Zugang. Mehr noch, die Frage nach dem, was totale Herrschaft eigentlich bedeutet, muß neu gestellt werden. Oder, um es noch anders zu formulieren: Das Bedürfnis nach Verstehen, das Verstehen-wollen gründet auf der primären Unverstehbarkeit der totalen Herrschaft. Was meint „Unverstehbarkeit"? Arendt argumentiert, daß die historiographischen und sozialwissenschaftlichen Kategorien nicht erklären können, warum kultivierte Völker, die in einer Demokratie bzw. in einem geordneten politischen System lebten, aus allen Zusammenhängen, die menschlichem Handeln und Denken bisher Sinn verliehen haben, ausbrechen. Die Art des Mordens, die Sinnlosigkeit der Opfer, argumentiert sie, verweisen darauf, daß hier etwas geschehen ist, was es vorher noch nie gab. Daher könne man der intellektuellen Herausforderung kaum aus dem Wege gehen, schreibt sie in ihrem Aufsatz *Verstehen und Politik*:

„Für diejenigen, die sich für die Frage nach dem Sinn und Verstehen interessieren, liegt das Beängstigende am Aufkommen des Totalitarismus nicht darin, daß es sich um etwas Neues handelt, sondern darin, daß damit der Ruin unserer Denkkategorien und Urteilsmaßstäbe ans Licht gebracht worden ist" (ZVuZ 122).

Sozialwissenschaften fußen auf der Annahme, daß das Verhalten von Menschen wie auch ihr politisches Handeln als rationale Prozesse (im Sinne Max Webers) verlaufen oder auf ihnen gründen. Aber totaler Terror ist – in Arendts Sicht – ohne Sinn und zufällig. Sozialwissenschaftliches Instrumentarium sei nicht in der Lage, diesen Aspekt der absoluten Sinnlosigkeit von Zerstörungswut und Massenmorden angemessen zu erfassen. Deshalb muß aus Arendts Sicht ein neuer hermeneutischer Zugang gefunden werden. Dieser besteht darin, daß man vor das Beschreiben des Ereignisses das Verstehen setzt. Vor diesem Hintergrund müsse die wissenschaftliche Analyse im Licht des Verstehensbegriffs überdacht werden.

Zweitens: Auf der historischen Ebene geht Arendt zu dem Zusammenbruch der europäischen Massendemokratien – nicht nur der deutschen – zurück. Mit „Zusammenbruch" meint sie das Auseinanderbrechen des politischen Raumes, der demokratischen Regelwerke und Verfahren, die Abwesenheit von politischem Denken bei den so handelnden Personen. Ihr Referenzpunkt ist auch hier das Heraufkommen des neuen Typus von totaler Herrschaft, der nichts mit vorhergehenden Formen von diktatorischer oder tyrannischer Herrschaft zu tun hat. Dieser neue Typus unterbricht ihrer Auffassung nach die Geschichte der handelnden Menschheit, die sich auf bestimmte politische und/oder religiöse Sinnstiftungen geeinigt hat (wie z.B. die Zehn Gebote, das positive Recht). Die totale Herrschaft kündigt alle diese Übereinkommen auf und etabliert statt dessen das Gesetz der Natur (Kampf der Rassen um Dominanz) oder – unter der stalinistischen Herrschaft – das Gesetz der Geschichte als Grundlage des Zusammenlebens. An diesem Punkt beginnt analytisch die Herausforderung, diese Vorgänge zu verstehen. Dies kann nur gelingen, indem man das Rahmensprengende an ihnen ins Zentrum stellt: den Terror, dessen es bedarf, um die neuen „Gesetze" zu installieren.

Arendts methodologische Reflexionen zum Totalitarismus bleiben unvollendet. Sie weist auf die Probleme hin, ohne späterhin eine systematische Hermeneutik zu entfalten. Wie grundlegend dieses Problem für sie zeit ihres Lebens gewesen ist, darauf verweist freilich besonders der Arendtsche Erzählstil, der sich den Regeln wissenschaftlicher Textabfassung systematisch entzieht.

Kapitel VI
Auf der Suche nach dem In-der-Welt-sein

Welche Zerstörungen die totale Herrschaft in der deutschen Gesellschaft hinterlassen hat, das meint Hannah Arendt bei ihrer Reise nach Deutschland im Winter 1949/50 deutlich zu sehen. Sie fährt dorthin im Auftrag der *Commission on European Jewish Cultural Reconstruction*, als deren Geschäftsführerin sie Verhandlungen über die Sicherung und Rückgabe jüdischen Eigentums führt. Sie sieht zerstörte Städte und Landschaften, vor allem aber verstörte und seltsam verstockte Menschen.

Sie sucht Freunde und Bekannte aus alten Tagen auf und sieht sowohl ihren Lehrer Karl Jaspers wieder als auch Martin Heidegger, ihren Lehrer und Geliebten, der aufgrund seiner Einlassungen mit den Nationalsozialisten aus dem Lehrkörper der Freiburger Universität ausgeschlossen worden war.

Ernüchtert berichtet sie über mangelnde Anzeichen von Trauer und Scham bei den Deutschen. Eines ihrer immer wiederkehrenden Themen in den folgenden Jahren wird die „politische Verantwortung" gegenüber den Geschehnissen unter dem Nationalsozialismus sein. Sie ist eine entschiedene Kritikerin der deutschen Debatte über Kollektivschuld. Sie kritisiert, daß der Begriff der „Kollektivschuld" davon ablenke, was geschehen sei. Worum es in Wirklichkeit gehe, sei die Trennung von strafrechtlich relevanter Schuld, die immer nur beim Einzelnen (oder bei einer identifizierbaren Tätergruppe) liegen könne, und politischer Verantwortung. Notwendig sei es, die gemeinsame politische Verantwortung zu formulieren und zu akzeptieren. Dafür müßten zwei Bedingungen erfüllt sein:

„Ich muß verantwortlich gehalten werden für etwas, was ich

nicht getan habe. Und der Grund für meine Verantwortlichkeit muß meine Mitgliedschaft in einer Gruppe (einem Kollektiv) sein, die kein willentlicher Akt von meiner Seite aus lösen kann, das heißt, eine Mitgliedschaft, die gänzlich anders ist als eine Geschäftsbeziehung, die ich durch meinen Willen lösen kann" (CR/KV 3).

Die politische Verantwortung macht auch den, der recht gehandelt hat, für das in seinem Namen geschehene Unrecht verantwortlich. Entscheidend ist, daß diese Verantwortlichkeit gegenüber der gemeinsamen Welt besteht und nicht gegenüber Gott oder einer höheren Vernunft – und auch nicht allein gegenüber den Opfern. Allein die Verantwortlichkeit aller für den Zustand der Welt kann, argumentiert Arendt, diese vor der Selbstzerstörung bewahren.

Wie nachdrücklich dieses Thema Arendt beschäftigt, wird in den folgenden Jahren deutlich. Drei Jahre waren seit der deutschen Fassung des Totalitarismusbuches vergangen, als 1958 *The Human Condition* herauskam. Die deutsche Fassung erschien zwei Jahre später unter dem Titel *Vita activa oder Vom tätigen Leben*. Scheinbar liegen Welten zwischen *Elemente und Ursprünge totaler Herrschaft* und dem neuen Buch.

Oft wird *Vita activa* als ein philosophisches Buch bezeichnet. Damit bringt man gewöhnlich zum Ausdruck, daß es nichts mit dem politischen Tagesgeschehen oder mit der politischen Ereignisgeschichte zu tun habe. Es scheint so, als habe Arendt von dem einen zum anderen Buch einen Stil- und Sujetwechsel vollzogen, indem sie von der konkreten Analyse und Beschreibung geschichtlicher Ereignisse zu philosophisch-theoretischen Erwägungen über die Welt und die Menschen in der Welt übergegangen sei.

Tatsächlich war jedoch schon das Totalitarismus-Buch eine Komposition aus historischer Erzählung, politikwissenschaftlicher Analyse und philosophischer Reflexion. Und so läßt sich *Vita activa* auch als eine Art Fortführung der Grundfragen von *Elemente und Ursprünge totaler Herrschaft* verstehen. Hatte sie sich dort der Frage gewidmet, wie der geschichtlich-politische Raum von innen heraus zerstört wird, so steht hier die Frage im Vordergrund, wie die moderne Massengesellschaft – nach dem Ende der totalen Herrschaft – zum Verschwinden des politischen Raums beiträgt. Damit will Arendt freilich keine Gleichsetzung von demokratischer Massengesellschaft und totalitärer Gemeinschaft behaupten. Andererseits ist die Massengesellschaft für Arendt – unabhängig von der totalitären Form, in der sie erscheinen kann – ein Grundproblem der Moderne und somit des politischen Denkens, ein Thema, das im übrigen seit den fünfziger Jahren in Soziologie und Politikwissenschaft immer wieder aufgegriffen wird.

Arendt eröffnet *Vita activa* sehr grundsätzlich mit der Frage, „was wir eigentlich tun, wenn wir tätig sind". Im Hintergrund steht das Motiv zu ergründen, wo die Ursprünge und die Hintergründe für die Erosion der politischen Sphäre liegen, die das Aufkommen der totalen Herrschaft ermöglichten.

Anfang der fünfziger Jahre, als Arendt mit Vorstudien zu ihrem neuen Buch beginnt – so unter anderem mit der Vorlesung *Karl Marx and the Tradition of Western (Political) Thought* – ist sie immer stärker als Universitätsdozentin gefragt. Sie hält Vorlesungen an den Universitäten in Princeton, Notre Dame, Berkeley und Chicago. Aus diesen Vorlesungen entsteht *Vita activa*.

Im Zentrum der Reflexion stehen die drei Tätigkeiten Arbeiten, Herstellen, Handeln, ihre geschichtliche Entwicklung, ihr Verhältnis zueinander und ihre Bedeutung für den politischen Raum. Spricht Arendt über die Arbeit, so fragt sie, wie es geschehen konnte, daß das Arbeiten in der gesellschaftlichen Wertigkeit an die Stelle des öffentlichen Sprechens und Handelns treten konnte. Spricht sie über das Herstellen, so streicht sie heraus, wie die Anerkennung des Herstellens als höchste menschliche Tätigkeit alle Beziehungen zwischen Menschen in Zweck-Mittel-Verhältnisse umwandeln konnte. Führt sie das Handeln als Kategorie ein, so hinterfragt sie das Verschwinden des öffentlichen gemeinsamen Handelns hinter dem „Machen" professioneller Politiker.

Was dem Buch seinerzeit eine verblüffende Aktualität verlieh, bezieht sich jedoch auf aktuelles Geschehen. Hannah Arendt nimmt den Abwurf der ersten Atombombe (1945) und die Entsendung unbemannter Satelliten in den Weltraum (1957) zum Anlaß zu hinterfragen, was die Entgrenzung des menschlichen Handlungsraums und die bis dahin nicht gekannte Zerstörungskraft der Atombombe für die Fähigkeit bedeuten, den politischen Handlungsraum der Menschen zu gestalten.

Was bedeutet der Umstand, daß anstelle des Raumes, der sich zwischen Erde und Himmel auftut, die Menschen sich nun in eine totale Enträumlichung hineinbegeben? Wie kommt es, daß moderne Gesellschaften das Risiko der Zerstörung bzw. Selbstzerstörung immer wieder selbst hervorbringen? Hat die Moderne die jahrtausendelang anerkannten Bedingtheiten des menschlichen Handelns plötzlich außer Kraft gesetzt, indem sie sie zum Gegenstand der Forschung erhob?

Der Tendenz zur totalen Entgrenzung menschlichen Lebens und Tätigseins, vor allem durch Wissenschaft und Technik, setzt Arendt die These entgegen, daß politisches Handeln einen Raum benötigt, auf den es sich beziehen kann.

Das Buch handelt von diesem begrenzten Raum – der Welt – und seinen Bedingtheiten, von den Veränderungen innerhalb des menschlichen Vermögens, tätig zu sein, und vom Gemeinsinn und seinem Verschwinden.

Mit der These von den Bedingtheiten des menschlichen Tuns wirft Arendt zugleich die Frage auf, wie die Gesellschaften die Wahrnehmung ihrer eigenen Bedingtheiten verloren haben. Wie konnte es dazu kommen, daß das „Machen" (Herstellen) an Stelle des Handelns trat, daß Arbeiten höherwertig wurde als Denken, daß der öffentliche Raum verschwand und mit ihm die Trennung zwischen Privat und Öffentlich?

Unterströmig begleiten den Text weitere Fragen wie etwa:
– Was sind Grenzen und Möglichkeiten politischen Handelns?
– Unter welchen Bedingungen verschwindet die Freiheit als höchstes Gut aus dem Handlungsraum der Menschen?

Anfangs hatte Arendt überlegt, ihr neues Buch *Amor Mundi* zu nennen. Dieser Titel hätte dem skeptischen Blick auf die Moderne die Hingewandtheit zur Welt entgegengestellt. Doch dann entschied sie sich anders. *Vita activa oder Vom tätigen Leben* nennt sie den Essay nun, ein doppelbödiger Titel, denn es geht ihr darum zu ergründen, wie das Tätigsein zum Selbstzweck wird und das Handeln im Gemeinwesen verdrängt.

Die Arbeit daran macht ihr Freude, wie sie Karl Jaspers gegenüber bekennt. Sie liest Descartes, vermittelt durch Jaspers' Descartes-Darstellung. Sie schwärmt von ihrer Lektüre der Kantschen *Kritik der Urteilskraft*. Als das Buch 1958 erscheint, verkauft es sich auf Anhieb gut; bald muß eine zweite Auflage nachgeschoben werden. Sie übernimmt die Überarbeitung der Rohübersetzung, die ihre Freundin Charlotte Beradt angefertigt hatte, selbst; wie immer macht ihr dies zu schaffen. Zwei Jahre später erscheint das Buch auf deutsch.

Auch dieses Buch hat einen Adressaten, freilich einen verhinderten.

„Lieber Martin,
ich habe den Verlag angewiesen, Dir ein Buch von mir zu schikken. Dazu möchte ich Dir ein Wort sagen.
Du wirst sehen, daß das Buch keine Widmung trägt. Wäre es zwischen uns je mit rechten Dingen zugegangen – ich meine *zwischen*, also weder Dich noch mich –, so hätte ich Dich gefragt, ob ich es Dir widmen darf; es ist unmittelbar aus den ersten Freiburger Tagen entstanden und schuldet Dir in jeder Hinsicht so ziemlich alles. So wie die Dinge liegen, schien mir dies unmöglich; aber auf irgendeine Weise wollte ich Dir doch wenigstens den nackten Tatbestand sagen" (AH 149).
Diesen Brief richtete Arendt 1960 zum Erscheinen des Buches in Deutschland an Martin Heidegger. In ihm wird die Ambivalenz deutlich, die ihr Verhältnis zu ihrem geliebten Freund und ehemaligen Lehrer durchzieht, seit sie ihn 1950 wiedergesehen hatte.

Der Brief und das Buch scheinen ein – freilich nie ausgesprochenes – Zerwürfnis zwischen beiden bewirkt zu haben. Ihr Briefwechsel bricht für einige Jahre ab. Tatsächlich ist das Buch eine Auseinandersetzung mit der Moderne unter dem Blickwinkel des Heideggerschen Denkens. Insofern wäre eine Widmung in der

Tat folgerichtig gewesen: Arendt verwendet sozusagen Heideggers „Methode", indem sie die Dinge und ihre Begriffe hinterfragt und sie in ihrer geschichtlichen Gewordenheit, d. h. auch in ihrem Wandel darstellt.

Und doch ist Arendts Blick anders, sind ihre Schlußfolgerungen geradezu konträr zu denen Heideggers. Ihre Beschreibung des Seins der Menschen in der Welt kommt zu dem Ergebnis, daß das Handeln – und nicht das Denken, wie bei Heidegger – den Menschen zum Menschen macht. Freiheit und Wahrheit können für Arendt nur im Handeln erscheinen. Den öffentlichen Raum, in dem sich Menschen handelnd aufeinander beziehen, bezeichnet sie als kostbarstes Gut, das Menschen überhaupt besitzen. Sie widerspricht ihrem Lehrer in allen wichtigen Fragen und läßt doch erkennen, daß sie seine Methode, die Begriffe, mit denen wir denken und auf die wir uns stützen, zu hinterfragen, für unabdingbar hält.

Die wichtigsten Bedingtheiten der menschlichen Existenz sind in *Vita activa* die Gebürtlichkeit des Menschen (und seine Sterblichkeit), die Pluralität menschlicher Existenz, die Weltlichkeit der Existenz und damit die Gebundenheit an die Welt. Wenn Arendt über Bedingtheiten spricht, dann spricht sie sowohl die Möglichkeiten an, die diese Bedingtheiten eröffnen, als auch die Grenzen, die sie setzen. Alle die genannten Bedingtheiten, vor allem aber die Existenz der menschlichen Welt, setzen Grenzen für menschliches Tun und Handeln; sie bilden den Raum des menschlichen Lebens und Handelns. Dies heißt umgekehrt auch, daß menschliche Existenz und Handeln nur in diesem Raum, das heißt in bestimmten Grenzen möglich sind. Die menschliche Existenz ist nicht grenzenlos.

Am Schluß von *Elemente und Ursprünge totaler Herrschaft* hatte Arendt davon gesprochen, daß es etwas gebe, das für die zerstörerische Macht der totalen Herrschaft nicht erreichbar sei: die Möglichkeit eines neuen Anfangs, der durch die Tatsache der Gebürtlichkeit des Menschen gegeben ist. Jede neue Geburt sei ein neuer Anfang, für ein Menschenleben und seine Fähigkeiten, sich mit den anderen handelnd zu verbinden. Die Grenze dieser Fähigkeit des Anfangenkönnens sei das sterbliche Ende. Aus dem Wissen um ihre Sterblichkeit begründeten die Griechen die Kunst der Erzählung von den Ruhmenstaten ihrer Helden. Der Sterblichkeit des Lebens setzten sie die Unsterblichkeit ihrer erzählten Taten entgegen. Sie schufen damit einen Raum, der über sie selbst hinausreichte und in dem auch die Nachfolgenden sich die Sinnhaftigkeit ihres eigenen Tuns vergegenwärtigen konnten. Dieser Raum gehörte in Arendts Sicht zu den wichtigen Bedingtheiten menschlicher Existenz. Er ruht auf zwei kommunizierenden Bereichen: dem Bereich des Privaten (dem oikos) und dem Raum des Öffentlichen (der polis). Im Selbstverständnis der griechischen Antike wurde im Reich der Privatheit mit all seinen Notwendigkeiten und Bedürfnissen dafür gesorgt, daß das Überleben der Familie gesichert war. Diejenigen, die damit beschäftigt waren, und dazu gehörten die Frauen, die Fremden, die Sklaven, aber auch die Handwerker und selbst die Künstler, waren nicht frei, sondern gebunden an diese Aufgaben. Als frei galten nur diejenigen, die die Möglichkeit hatten, sich frei zu halten für anderes. Die von den Notwendigkeiten des alltäglichen Lebens befreiten Männer gründen ein Gemeinwesen (eine polis), in dem sie sich zusammenfinden, um über die beste Regierungsform, über die Schönheit oder die unsterblichen Taten ihrer Mitglieder zu räsonnieren, Gesetze zu beschließen und auszuführen.

Der private Bereich trennt also den Raum der Notwendigkeit von dem der Freiheit. Dies bedeutet umgekehrt für die Freiheit, daß sie nur dort vorhanden ist, wo das Handeln der Menschen nicht von Notwendigkeiten beherrscht wird – und wo sie nicht mit Herrschaft verbunden ist.

„Freisein bedeutet ebenso ein Nichtbefehlen, wie es die Freiheit von dem Zwang der Notwendigkeit und den Befehlen eines Herrn beinhaltete" (Va 34).

Die griechische polis konnte nur deshalb das Wirken der Freiheit so anschaulich zeigen, weil sie so überschaubar klein war. Die Trennung zwischen privat und öffentlich, auf der sie ruhte, verschwindet in der Neuzeit, nicht zuletzt aufgrund der Ausdehnung der menschlichen Gesellschaften und der Veränderung im menschlichen Denken über das Zusammenleben selbst.

Mit der Ausdehnung der Gesellschaften schwindet auch die Möglichkeit, das Private vom Öffentlichen zu trennen und umgekehrt. Politisches Handeln in Freiheit ist aber nur in einem öffentlichen Raum möglich, in dem alle, befreit von ihren Sorgen, über das „öffentliche Glück" streiten können (s. a. Kapitel VIII).

Es geht nun Arendt nicht darum, den privaten Raum gegenüber dem politischen für minderwertig zu erklären, vielmehr beharrt sie darauf, daß nur ein gesicherter privater Raum, in dem alle Notwendigkeiten geregelt werden, das Freisein für das politische Räsonnieren und die politische Freiheit ermöglicht. Oder, um es zu personalisieren: Nur wer seinen Kopf von privaten Sorgen frei hat, kann sich um die öffentlichen Angelegenheiten sorgen. Dies heißt aber auch: Ohne den Schutz durch eine gesicherte private Sphäre ist kein politisches Handeln möglich.

Die private Sphäre wurde seit dem Altertum durch das Eigentum konstituiert. Die Grenzen des Eigentums bezeichneten das Innere – den Haushalt – wie das Äußere, den Haushalt des Anderen. Ob jemand eine freie Person war, entschied sich daran, ob er Eigentum hatte, wie umgekehrt das Eigentum auch die Person schützte und ihr die Fähigkeit zur Freiheit gab. Wer ohne Eigentum war, galt als vogelfrei, war aller Rechte beraubt und den Befehlen anderer unterworfen. Daher kommt dem Eigentum eine große Bedeutung zu; es verkörpert die Sphäre der Sicherheit der eigenen Existenz. Aus der Sicherheit des Eigentums heraus kann der Mensch mit anderen, die eine ebensolche persönliche Aura haben, in Verbindung treten. Eigentum schafft, zumindest formal gesehen, eine Gleichheit der Ausgangssituation. Dies bringt Arendt vor allem kritisch gegenüber Marx zum Ausdruck, dem sie entgegenhält, daß er Eigentum mit Besitz gleichsetzt. Demgegenüber hält Arendt an einer Eigentumsdefinition fest, die dieses weitgehend um „Haus und Hof" zentriert. Besitz dagegen unterscheide sich qualitativ von Eigentum. Besitz sei aufgehäuftes Eigentum, das weit über die Befriedigung des persönlich Notwendigen hinausgehe. In dem Augenblick, in dem aus Eigentum Besitz wird, also mit Beginn des modernen Wirtschaftens, beginnt für Arendt die Erosion der privaten und der öffentlichen Sphäre. Eine Trennung zwischen beiden Bereichen ist nun nicht mehr möglich. Entwurzelte Massen entstehen, die, ihres Grund und Bodens, meist auch ihres Hauses beraubt, keine geschützte Privatsphäre mehr haben. In der Folge werden ihre privaten Probleme zum öffentlichen Gegenstand. Diesen grundlegenden Wandel am Beginn der Neuzeit beschreibt Marx am Beispiel der „ursprünglichen Akkumulation" im England des 16. Jahrhunderts. Doch seine Definition des Besitzes als akkumuliertes Eigentum verdeckt nach Arendt den grundlegenden Wandel, der mit der Zerstörung der Eigentumssphäre eingeleitet wird: die Vermengung von öffentlichem und privatem Raum.

Die neuen Bedingtheiten menschlicher Tätigkeiten – Armut versus Besitz – bestimmen nun deren Gestaltwandel und auch ihre öffentliche Reflexion erheblich. So verachtete man im Altertum die Arbeit, während man sie in der Neuzeit zur Grundlage des Lebens erklärt. In Lenins Leitspruch „Wer nicht arbeitet, soll auch nicht essen" ist dieses Paradigma der Moderne – und zwar nicht nur für den Sozialismus, sondern auch für den Kapitalismus – auf die Spitze getrieben. Arendt stellt nun diese scheinbar evidente Wertigkeit, die bis heute unangefochten ist, in Frage, indem sie ihrem geschichtlichen Wandel nachgeht. Sie beschreibt, Marx darin folgend, den destruktiv verzehrenden Charakter der industriellen Arbeit. Diese dient vor allem der Reproduktion der Arbeitenden, bedient den immergleichen Rhythmus von Geborenwerden, Lebenserhaltung, Fortpflanzung und Sterben. Doch im Unterschied zu Marx vertritt sie die Auffassung, daß Arbeit nicht produktiv ist. Was sie hervorbringt, dient der Konsumtion, wird verbraucht und somit vernichtet. Arbeit ist ohne Bezug zur Welt außerhalb des Arbeitszyklus. Sie hat nicht nur keinen Bezug zu dieser Welt, sondern sie schafft auch keinen Bezug. Sie verbleibt im Raum des Nicht-Öffentlichen, ohne daß dieses auch nur irgendeinen Schutz böte, den die Privatsphäre einst gewährt hatte.

Unterschieden vom Arbeiten ist in der Arendtschen Perspektive das Herstellen. Auch hierin grenzt sie sich von Karl Marx ab, der alle menschliche Tätigkeit, auch das Herstellen, auf die Verausgabung von Arbeitskraft reduziert hatte. Im Unterschied zum Arbeiten schafft das Herstellen bleibende Dinge. Die Herstellenden sehen die Welt unter dem Aspekt ihrer Verdinglichung. Erde und Natur werden dem Hersteller zum Mittel, das gefertigte Ding, das Projekt, zum Ziel.

„Sofern der Mensch Homo faber ist, kennt er nichts als seine vorgefaßten Zwecke, zu deren Realisierung er alle Dinge zu Mitteln degradiert, sodaß schließlich unter seiner Herrschaft nicht nur die hergestellten Dinge, sondern ‚die Erde überhaupt, wie alle Naturkraft, keinen Wert (haben), weil sie keine in (ihnen) vergegenständlichte Arbeit darstellen'", schreibt Arendt, Marx zitierend (Va 143).

Der Tauschmarkt wird zu einer Art öffentlichem Bereich für den Herstellenden. Hier stellt er seine Werke, Waren, Dinge aus; hier handelt er mit ihnen und tauscht sie. Doch diese Öffentlichkeit ist, anders als die der Antike, funktional. Sie ist nur in dem Sinne „etwas wert", wie sie dem Verkauf der Waren dient. Der Arbeiter bleibt freilich ganz im Verborgenen.

Was den Hersteller vom Arbeiter grundsätzlich trennt, ist folgendes: Die Arbeitenden verzehren die Früchte ihrer Arbeit. Die Herstellenden stellen Dinge her, die den Menschen überdauern; sie fabrizieren eine Dingwelt.

In der Folge wird aber deutlich, so Arendt, daß

„das Maß für die Welt ... nicht die zwingende Lebensnotwendigkeit [ist], die sich in der Arbeit kundgibt, und es kann nicht in dem Reich von Mitteln und Zwecken gefunden werden, das maßgebend ist für die Herstellung der Weltdinge und maßgeblich noch für den Gebrauch, den wir von ihnen machen" (Va 163).

Die Frage also bleibt: Was ist das Maß, aus dem Sinnstiftung für die Welt entsteht? Aus welchen Quellen läßt sich ein „Maß für die Welt" nach dem Ende der totalen Herrschaft noch schöpfen? Und wie kann es gefunden werden?

Das Dilemma der Moderne liegt in Arendts Sicht darin, daß sie mit der Etablierung einer Welt, deren höchste Werte im Arbeiten und Herstellen liegen, die Grundlagen für ein Handeln in Freiheit zum Verschwinden gebracht hat. Handeln zwischen Menschen bezieht sich im Arendtschen Denken immer auf das gemeinsame „Zwischen", das Gemeinwesen. Sobald dieser Bezug aufhört, wird Handeln zum Machen, zum Träger für eine zweckgerichtete Tätigkeit, die ein Ziel erreichen will.

Die Dominanz des Arbeitens und Herstellens über das Handeln hat zu einem Weltverlust und letztlich zum Verlust des Gemeinsinns geführt.

Das öffentliche Handeln (und Sprechen) zeichneten in der Antike die freien Menschen aus. Im Handeln (und Sprechen) gab man sich selbst zu erkennen. Wer jemand war, offenbarte sich in seinen Taten und seinen Erzählungen von diesen Taten.

Ein zweites Grundelement des Handelns ist, daß mit ihm immer etwas Neues beginnt:

„Sprechend und handelnd schalten wir uns in die Welt der Menschen ein, die existierte, bevor wir in sie geboren wurden, und diese Einschaltung ist wie eine zweite Geburt, in der wir die nackte Tatsache des Geborenwerdens bestätigen, gleichsam die Verantwortung dafür auf uns nehmen. Aber wiewohl niemand sich diesem Minimum an Initiative ganz und gar entziehen kann, so wird sie doch nicht von irgendeiner Notwendigkeit erzwungen wie das Arbeiten, und sie wird auch nicht aus uns gleichsam hervorgelockt durch den Antrieb der Leistung und die Aussicht auf Nutzen. Die Anwesenheit von anderen, denen wir uns zugesellen wollen, mag in jedem Einzelfall als ein Stimulans wirken, aber die Initiative selbst ist davon nicht bedingt; der Antrieb scheint vielmehr in dem Anfang selbst zu liegen, der mit unserer Geburt in die Welt kam, und dem wir dadurch entsprechen, daß wir selbst aus eigener Initiative etwas Neues anfangen. In diesem ursprünglichsten und allgemeinsten Sinne ist Handeln und etwas Neues Anfangen dasselbe" (Va 165 f.).

In dem Handeln, verstanden als ein Sich-einschalten in die Welt (nicht umsonst wird hier der Ausdruck „zweite Geburt" eingebracht), wird der Zwischenraum zwischen Menschen geöffnet. Zugleich verändert sich dieser Zwischenraum aber auch mit dem Handeln. Indem jemand etwas tut, verändert er auch das Ganze; die anderen wiederum beziehen sich jeweils auf das, was geschieht.

Hier und nur hier entsteht Freiheit für Arendt, verstanden als Fähigkeit der Menschen, einen neuen Anfang zu setzen. Hier und nur hier kann das Maß für die Welt gefunden werden, in der Freiheit.

Der Freiheitsbegriff, auf den sich Arendt mit Verweis auf die Antike bezieht, unterscheidet sich von anderen gebräuchlichen Freiheitsdefinitionen, wie zum Beispiel der Freiheit in Institutionen, Verfassungen, Ideen oder dem persönlichen Bewegungsraum des einzelnen. Arendt wird den Freiheitsbegriff durch ihr späteres Werk hindurch weiter entwickeln, so zum Beispiel in ihrem Buch *Über die Revolution* (s. auch Kap. VIII).

Der Zwischenraum zwischen den Handelnden ist der öffentliche Raum. Im Privaten ist Handeln nicht möglich und hat Sprechen einen anderen Kontext. Das Handeln braucht – wie das Sprechen – diesen öffentlichen Raum. In ihm begegnen sich die Mitglieder des Gemeinwesens; in diesem Raum „ereignet sich" das Handeln. Nur in diesem Raum werden seine (unvorhersagbaren) Folgen sichtbar, die womöglich so gar nicht den Erwartungen und Hoffnungen derer entsprechen, die die Handlungen in Bewegung gesetzt haben. Denn Handeln ist per se nicht zielgerichtet wie Herstellen. Es ist mehr auf die Anderen, Mitbeteiligten gerichtet als auf ein fixiertes Ziel.

Somit ist Handeln auch nicht identisch mit Machen und Herstellen, eine Vorstellung, die sich in der Moderne durchsetzt. Politisches Handeln wird hier zunehmend als zweckrationales Handeln definiert, mit dem man bestimmte Ziele erreichen will. Handeln im öffentlichen Raum aber ist in Arendts von der Antike geprägtem Verständnis zunächst zweckfreies Handeln. Sein einziger Zweck ist die gemeinsame Vorstellung von einem Gemeinwohl, das über die Summe der Interessen hinausreicht. In geschichtlichen

Ereignissituationen kann auch die Verfassungsgebung – wie in der Amerikanischen Revolution – zur gemeinsamen Idee des Handelns werden.

Das Pendant zum öffentlichen Handeln ist das Denken. Denken und Handeln gehörten in der antiken Überlieferung zusammen. In einer Welt jedoch, die sich auf die Reproduktion des Lebenszyklus und die Herstellung einer Welt der Dinge beschränkt, ist für das öffentliche Denken und Räsonnieren nurmehr wenig Platz. Ja, es kommt sogar zu einer Herabsetzung des gemeinsamen Verständigens über das Wohl des Gemeinwesens in der gesellschaftlichen Rangordnung. Allmählich tritt das tätige Leben (Arbeiten und Herstellen) gänzlich an die Stelle der „vita contemplativa", wie das Leben der Reflexion und des Denkens im Mittelalter genannt wurde. Damit wird auch der Raum immer kleiner, in dem man sich öffentlich über „das gute Leben" im Gemeinwesen verständigt. Mit dem allmählichen Verschwinden jenes Raumes brechen auch die Fähigkeiten zur Sinnstiftung weg, in denen das „Maß für die Welt" immer wieder neu gefunden werden kann. Als Folge dieser Wendung wird schließlich das kontemplative Leben des Denkens und Räsonnierens mit Luxus, Müßiggang und Nutzlosigkeit assoziiert. An seine Stelle tritt das aktive Leben schlechthin. Arendt spricht hier von einem Vorgang der „Umstülpung" der Theorie in Praxis. Fortan ist die Theorie, ist das Denken ständig in Beweisnot, zu etwas „gut" zu sein, nützlich zu sein. Daraus entsteht ein – freilich unlösbares – Dilemma: Gemeinsame Sinnstiftung ergibt sich nicht aus den Selbstläufen von Arbeiten und Herstellen. Wenn aber Arbeiten und Herstellen zur einzigen Sinn- und Legitimationsquelle im Leben der einzelnen und in der Gesellschaft erklärt werden – nicht zufällig wird die moderne Gesellschaft auch „Arbeitsgesellschaft" genannt –, dann fehlt jene über das Leben hinausgehende Dimension des Bezuges auf ein Gemeinsames in Freiheit.

Es erscheint fast widersinnig, wenn Arendt das scheinbar so evidente Modell der Arbeitsgesellschaft in Frage stellt und zugleich auf die überdimensionierte Stellung des Subjekts in der Moderne aufmerksam macht. Sie schließt sich offensichtlich der zu ihrer Zeit unter kritischen Gesellschaftswissenschaftlern (Herbert Marcuse, Theodor W. Adorno und andere) gängigen Kritik an der Massengesellschaft nicht gänzlich an, obwohl deren Phänomenologie der Massengesellschaft mit ihren eigenen Beobachtungen und Erfahrungen übereinstimmt. Doch zieht sie daraus nicht den Schluß, daß die Arbeitsgesellschaft zu einer Entindividualisierung in großem Stile führe, wie viele das seinerzeit behaupteten. Das Gegenteil ist in ihrer Sicht der Fall: Die demokratische Massengesellschaft bringt den Individualismus geradezu hervor. Beide Entwicklungen widersprechen sich nicht, sondern ergänzen sich. Doch dieses moderne Individuum kann sich nicht auf die Mitmenschen beziehen, um mit ihnen – in den gesetzten Maßen – zum Wohle des Gemeinwesens zu handeln. Es ist einerseits für sich selbst tätig, andererseits aber arbeitet es für den „Fortschritt" der Menschheit. Es stößt durch die Grenzen dessen, was Arendt die menschlichen Bedingtheiten nennt, hindurch. Es „macht" und treibt eine „Entwicklung" voran, deren Bindung an das Gemeinwesen höchst fragil ist.

In einer fulminanten Kritik des modernen naturwissenschaftlichen Zugangs zur Welt, dessen überragende Dominanz im gesellschaftlichen Selbstverständnis sie voraussagt, kommt Arendt gegen Ende ihres Textes zu der paradoxen Schlußfolgerung, daß das Denken als eine nicht aufhörende menschliche Tätigkeit auch in der Moderne nicht gänzlich funktionalisiert werden kann. Das Denken über die Bedingtheiten des menschlichen Seins sei schließlich die tätigste aller Tätigkeiten, auch wenn sie nur von wenigen betrieben werde. Dies ist im übrigen eine These, die sie dann in ihrem letzten – unvollendet gebliebenen – Werk *Vom Leben des Geistes* wieder aufgreift.

Man kann Arendts Blick auf die Welt in *Vita activa* mit Fug und Recht für skeptisch halten und sollte doch jenes tastende Suchen nach Vergewisserung wahrnehmen, dessen Zeichen man am Ende von *Elemente und Ursprünge totaler Herrschaft* bemerken konnte und das hier wieder durchscheint. In der Einleitung zu

Vita activa besteht sie darauf, „daß die Grundvermögen des Menschen (Arbeiten, Herstellen, Handeln – AG), die den Grundbedingtheiten menschlicher Existenz auf der Erde entsprechen, sich nicht ändern; sie können so lange nicht unwiderruflich verlorengehen, als diese Grundbedingtheiten nicht durch andere ersetzt sind" (Va 13).

Am Ende des Textes bringt sie zum Ausdruck, daß es, solange Menschen geboren werden, immer auch ein Denken gibt, das weiterdenkt und jene scheinbar auf ewig fixierten modernen Wertigkeiten durch-denkt, indem es über sie hinaus denkt. Auch diesen Gedanken wird Arendt Jahre später wieder aufgreifen, um dann doch dem Urteilen vor dem Denken den Vorzug zu geben (s. Kapitel IX).

Während der Arbeit an *Vita activa* bestärkte der Ausbruch der ungarischen Revolution 1956 Arendt in ihrer Hoffnung, daß die Menschen auch in der Moderne die Fähigkeit zum Anfangen, zum Handeln in Freiheit nicht verlernt haben. Denn in Ungarn erhob sich, inmitten einer scheinbar monolithischen, totalen Herrschaft, „das Volk" und forderte öffentlich politische Freiheit ein. Dieses Ereignis hat Arendt weitaus stärker beeindruckt als später die „Samtene Revolution" in der Tschechoslowakei (1968). Dies auch deshalb, weil in ihrer Sicht der Dinge in Budapest eine Idee in freiheitlicher Gestalt wiederauferstand, die, gegen Ende des 19. Jahrhunderts entstanden, eine Alternative zum modernen Zentralstaat bot: die Organisierung der politischen Macht in Räten.

Diese Idee der horizontalen Verteilung von Macht, der Organisierung von Macht ohne Herrschaftsausübung schien Arendt angesichts des Versagens der demokratischen Nationalstaaten eine vielversprechende Alternative zu sein.

Es ist genau dieses Element der freiheitlichen Organisierung der Macht des Volkes, auf das Arendt – neben ihrer Beschäftigung mit den Folgen des Totalitarismus – in den folgenden Jahren immer wieder zurückkommen wird, freilich ohne es theoretisch auszuarbeiten.

Kapitel VII
Niemand kann die Verantwortung übernehmen ...: Adolf Eichmann

Im Sommer 1960 läßt sich Arendt von der renommierten Zeitschrift *The New Yorker* dafür engagieren, über den Prozeß gegen Adolf Eichmann in Jerusalem zu berichten. Eichmann, ein im zweiten Rang der nationalsozialistischen Hierarchie stehender Organisator des Massenmords an den europäischen Juden, war im Mai des gleichen Jahres vom israelischen Geheimdienst in Argentinien gefangengenommen und nach Israel verbracht worden. Diese Aktion hatte erhebliche internationale Aufregung zur Folge gehabt, da sie einen Bruch des Völkerrechts implizierte. Die Zeitungen waren voll von Debatten über das Für und Wider dieser Aktion. Immerhin war Eichmann nach dem Ende der Nürnberger Prozesse 1947 der erste namhafte nationalsozialistische Funktionär, der vor Gericht gebracht wurde.

In Deutschland ging zu jener Zeit die Verfolgung der Verantwortlichen des Massenmords nur sehr schleppend voran. Im Rückblick wird sogar deutlich, daß der Prozeß gegen Adolf Eichmann eine Art öffnende Funktion für die westdeutsche Justizlandschaft hatte. Nach dem Prozeß zeigten sich die Gerichte geneigter, die Verbrechen des Nationalsozialismus wieder zu verfolgen.

Hannah Arendt nahm an der ganzen Angelegenheit von Anfang an lebhaften Anteil. Nachdem sie vom *New Yorker* beauftragt worden war, reiste sie mehrfach nach Jerusalem, um dem Prozeß beizuwohnen. In einem Brief an ihren Mann schreibt sie am 15. April 1961:

„Eichmann wie ein Gespenst, das dazu gerade den Schnupfen hat, in seinem Glaskasten eher noch wie eine Materialisierung in einer spiritistischen Seance. Er selbst nur darauf bedacht, die

Haltung nicht zu verlieren. Der Staatsanwalt mit unzähligen Assistants und vor Bergen von Büchern und Zeitschriften, ein galizischer Jude, der ohne Punkt und Komma spricht, sich dauernd wiederholt und widerspricht, gelehrt tut, wie ein beflissener Schüler, der zeigen will, was er alles weiß. Der Verteidiger, ein öliger, geschickter und sicher durch und durch korrupter Herr, der erheblich gescheiter ist als der Staatsanwalt. Darüber thronend die drei Richter, alles deutsche Juden, und in der Mitte der presiding judge, Moshe Landau, der ganz und gar großartig ist – mit Ironie und Sarkasmus in langmütiger Freundlichkeit" (AB 518).

In dieser Briefstelle tritt der sarkastisch-ironische Stil Arendts deutlich hervor. Augenscheinlich hat sich Arendt schon sehr früh darauf festgelegt, wie sie die beteiligten Personen – vom Angeklagten einmal abgesehen – beurteilen wollte.

In ihren Berichten, die sie 1963 in Amerika als Buch herausbringt und die 1964 in Deutschland erscheinen, konzentriert sie sich auf den Angeklagten selbst.

Wie sieht jemand aus, der den Massenmord organisiert hat? Wie stellt er sich und die Tat dar? Wie spricht er? Wie verhält er sich gegenüber Richtern und Staatsanwalt?

Wie in ihrem Brief schon angedeutet, fällt ihr vor allem die Diskrepanz zwischen der Monstrosität der Massenmorde, der Perfektion ihrer Organisation und der Seichtheit des Täters auf. Sie schildert Eichmann als intelligenten, gleichwohl denkunfähigen Menschen, der, der deutschen Sprache nicht wirklich mächtig, im Amtsdeutsch seiner Berufsjahre spricht, sich nicht schuldig fühlt und eigentlich den Prototyp eines „Untertanen" darstellt, wie ihn Heinrich Mann in seinem berühmten gleichnamigen Roman beschrieben hat – nur mit dem Unterschied, daß er nicht dem Kaiser gehorchte, sondern wechselnden nationalsozialistischen Funktionären. Eichmann erscheint ihr als ein gehorsamswilliger, organisationsfähiger, dem Nachdenken abholder Apparatschik. Er repräsentiert den durchschnittlichen Tätertypus in der Zeit der totalen Herrschaft: das eigene Leben „schicksalhaft" mit dem des

Regimes verbindend, bereit zum Morden, wann immer es befohlen wird.

Zwei Themen, die Arendt zeit ihres Lebens weiterhin beschäftigen werden, gehen aus ihrer Beobachtung des Eichmann-Prozesses hervor: Die Prägung des Begriffs „Banalität des Bösen" für die Persönlichkeit sowie die Taten Eichmanns und die Beschäftigung mit der politischen und persönlichen Verantwortung unter der totalen Herrschaft.

Der Begriff „Banalität des Bösen", der in der Folge zu einem weithin verwendeten Paradigma wurde, brachte ihr viel Kritik ein. Einige Kritiker warfen ihr vor, mit diesem Begriff eine banalisierende Verharmlosung der Verbrechen zu betreiben.

Tatsächlich hatte Arendt zunächst (etwa in *Elemente und Ursprünge totaler Herrschaft*) den Begriff des Bösen durchaus essentialistisch definiert: als das radikale Böse und den Inbegriff der Entfremdung des Menschen von der Welt.

Das „radikale Böse", so schreibt sie in einem Brief an Karl Jaspers 1951, „hat irgendwie mit den folgenden Phänomenen zu tun: Die Überflüssigmachung von Menschen als Menschen (nicht sie als Mittel zu benutzen, was ja ihr Menschsein unangetastet läßt und nur ihre Menschenwürde verletzt, sondern sie qua Menschen überflüssig zu machen.)" (AJ 202).

Dieser Beschreibungsversuch bestimmt das radikale Böse als absolute Negation des Mensch-Seins und der bewohnbaren Mitwelt. Das Böse ist hier eine Erscheinung ohne Präzedenz. Es kann nicht durch die Bezugnahme auf schon Bekanntes erklärt werden – etwa andere Formen von bösen Taten. Das Neue besteht nicht in der Rationalität oder Irrationalität der Menschenvernichtung, sondern in einer Paarung aus absoluter Sinnlosigkeit und kühler Berechnung. Daraus entsteht eine programmatische Zerstörung der Individualität, wie es sie in der Moderne noch nicht gegeben hat, und zwar bei den Opfern wie – auf andere Weise – bei ihren Mördern.

Doch die andere Seite des Bösen – das beobachtet sie während des Prozesses – ist seine Banalität. Noch in ihrem philosophischsten Buch *Vom Leben des Geistes* gibt Arendt als Anlaß für ihre Beschäftigung mit den Grundtätigkeiten des menschlichen Geistes – Denken, Wollen und Urteilen – ihre Begegnung mit der „Banalität des Bösen" in der Gestalt Adolf Eichmanns an (vgl. Kapitel IX).

Der Begriff der „Banalität des Bösen", der bis heute soviel Kritik provoziert, bezeichnet eine Dimension des Bösen, die bis dahin wenig in den Blick genommen worden war: die vollständige Abwesenheit von Denken (und damit auch von Gewissen und Selbstreflexion). Eichmann verkörpert für Arendt nicht die „Bestie Mensch", als die er seinerzeit von Staatsanwalt Gideon Hausner dargestellt wird. Er ist weder von persönlichem Haß getrieben, noch legitimiert er seine Taten ideologisch. Eichmann ist vielmehr in Arendts Blickwinkel ein besonderer Typus des modernen Menschen, eines weltlosen Menschen, der den Bezug zu der von Menschen bewohnten Welt, als deren Teil er geboren ist, verloren hat und für den der einzige Halt in der gehorsamen Unterordnung unter die Befehle der „Führer der totalen Herrschaft" liegt.

Das Aufsehen, das Arendt mit dieser Begriffsprägung erregte, stand offensichtlich so gar nicht in ihrer Absicht, die damit eher auf das Phänomen aufmerksam machen wollte, daß das radikal Böse die Kehrseite einer unauffälligen Normalität sein kann. Der Massenmörder muß nichts Dämonisches an sich haben, er kann ein „Hanswurst" sein. Seine Taten müssen nicht niedrigen Instinkten entspringen. Er ist möglicherweise ein ordentlicher Beamter, der den Anordnungen seiner Vorgesetzten folgt, und ein liebender Vater. „Wichtigtuerei" und „Angeberei" bemerkt sie an ihm. „In Eichmanns Mund wirkt das Grauenhafte oft nicht einmal makaber, sondern ausgesprochen komisch" (EiJ 129).

Unterströmig läuft hier ein Thema mit, das Arendt schon vorher beschäftigt hatte und auf das sie immer wieder zurückkommen sollte: Wie geht man mit dem Verschwinden von Verantwortung unter der totalen Herrschaft um? Wie kann Verantwortung rekonstruiert werden, wenn ihre Träger zu willenlosen Befehlsempfängern mutiert sind? Im Unterschied zu juristischen Debatten über „Befehlsnotstand", Kollektivhaftung und verminderte Schuldfähigkeit unter der Diktatur vertritt sie die Überzeugung: Verantwortung kann niemals und unter keinen Umständen suspendiert werden.

Hinter dem Problem der Verantwortung wird eine weiteres Dilemma sichtbar. Menschen geben Verantwortung auf, wenn sie entweder unfähig oder unwillig sind zu urteilen, d. h. Situationen, in denen sie sich befinden, Handlungen, denen sie begegnen oder die sie selbst ausführen, zu beurteilen. Im Epilog ihres Berichts über den Eichmann-Prozeß schreibt sie später:

„Das Beunruhigende an der Person Eichmanns war doch gerade, daß er war wie viele und daß diese vielen weder pervers noch sadistisch, sondern schrecklich und erschreckend normal waren. Vom Standpunkt unserer Rechtsinstitutionen und an unseren moralischen Urteilsmaßstäben gemessen, war diese Normalität viel erschreckender als all die Greuel zusammengenommen, denn sie implizierte – wie man zur Genüge aus den Aussagen der Nürnberger Angeklagten und ihrer Verteidiger wußte –, daß dieser neue Verbrechertypus, der nun wirklich *hostis generis humani* ist, unter Bedingungen handelt, die es ihm beinahe unmöglich machen, sich seiner Untaten bewußt zu werden" (EiJ 425).

Das Problem, das sich hieraus ergibt, wie nämlich Urteilskraft herausgebildet und ausgeübt werden kann, will Arendt dann in ihrem letzten Werk *Vom Leben des Geistes* aufgreifen. Es liegt vielleicht eine Ironie der Geschichte darin, daß sie starb, ehe sie den Teil über das Urteilen niederschreiben konnte.

Erregt ihre Klassifizierung Eichmanns als einer Verkörperung der „Banalität des Bösen" bis heute immer wieder Kritik und Widerspruch, so stieß erst recht die Art und Weise, wie Arendt mit der (erzwungenen) Kooperation der Judenräte und anderer jüdischer Organisationen beim Massenmord umging, auf heftige Kritik.

Ihr Freund Gerhard Scholem gehörte zu denen, die sie schneidend kritisierten. Er warf ihr vor, einen „herzlose[n], ja oft geradezu hämische[n] Ton" in ihrer Berichterstattung angeschlagen zu haben, einen „Stil der Leichtherzigkeit" zu pflegen. Ihr mangele es an „Herzenstakt". Sie liebe das jüdische Volk nicht. Kurzum: Scholem bescheinigte ihr, „kein abgewogenes Urteil, sondern vielmehr ein oft ins Demagogische ausartendes Overstatement" (NA 65 f.) zu praktizieren.

Der Ton, den Arendt angeschlagen hatte und bis zur letzten Seite durchhielt, war distanziert, ironisch, sarkastisch, immer auf dem Grat wandelnd, auf dem das Grauenhafte in das Komische umschlägt. Es war ein Ton äußerster Distanz, der nicht erkennen ließ, welche Gefühle die Autorin als Person bewegten. Genau diese Gefühle klagten aber Kritiker wie Scholem nicht nur gegenüber den ermordeten Juden, sondern auch gegenüber den gezwungenen jüdischen Helfershelfern der Nationalsozialisten ein.

Abgesehen davon ließ Arendt natürlich sehr wohl Persönliches erkennen, etwa, daß ihr der Ankläger höchst unsympathisch war oder daß sie den Vorsitzenden Richter wertschätzte.

Was den Prozeß als Ganzes angeht, so wird im Rückblick noch stärker erkennbar als damals, als vor allem ihre Darstellung der Judenräte Empörung hervorrief, daß Arendt die Vermengung von Rechtsprechung und politischer Gründung in Frage stellte. In ihren Augen hätte sich dieser Prozeß, wollte er trotz seiner Mängel (Völkerrechtsverletzung, Projizierung des gesamten Massenmords auf den untergeordneten Funktionär Adolf Eichmann) sinnvoll sein, in die Tradition der Nürnberger Prozesse stellen müssen. In diesen war ja das Dilemma, von welchem Rechtsstandpunkt aus man über Verbrechen urteilen soll, die gegen die Menschheit – und nicht nur, wie Arendt nicht müde wird zu kritisieren, gegen die Menschlichkeit – verübt werden, überdeutlich geworden.

Aus dieser Position heraus wendet sie sich fast verächtlich gegen den Staatsanwalt, den sie abwechselnd als Schmierenschauspieler oder als Auftragsgehilfen des israelischen Staates denunzierte, der ganz andere Ziele im Kopf habe, als der Rechtsfindung und Rechtsprechung zu dienen.

Im Israel jener Zeit jedoch, das wird rückblickend noch deutlicher, als es in den sechziger und siebziger Jahren war, war die

Vermengung von Politik und Rechtsprechung durchaus beabsichtigt. Noch heute stehen dafür die Personen des Staatsgründers Ben Gurion und der späteren Ministerpräsidentin Golda Meir.

Der Prozeß sollte zum einen ein Exempel an dem vermeintlich größten der noch lebenden Naziverbrecher statuieren. Aus diesem Grunde wurde Eichmann, was Arendt heftig kritisierte, zum Monstrum überhöht, ein Urteil, das so gar nicht zu ihm paßte, wie sie fand.

Der Prozeß sollte zum zweiten der Welt beweisen, daß Israel in der Lage war, über die Mörder am jüdischen Volk selbst zu richten. Und er sollte drittens das jüdische Volk aus seiner Opferrolle befreien. So sollte der Prozeß mit Hilfe aller Beteiligten und im Bewußtsein der Nachwelt zu einer Art zweiter Gründung Israels als eines starken, verteidigungsbereiten Staates werden.

Die Kritik, die sich gegen Arendts Stil wie auch gegen einzelne Urteile in ihrem Bericht richtete, war heftig, sehr persönlich und zog sich über Jahre hin. In den Briefwechseln mit Karl Jaspers und mit ihrer Freundin, der Schriftstellerin Mary McCarthy, werden die Verletzungen sichtbar, die Arendt im Zuge dieser Kontroverse davontrug.

Ein Jahr nach Erscheinen ihres Buches in den Vereinigten Staaten und im gleichen Jahr, in dem es in Deutschland herauskam, antwortet Arendt auf eine Nachfrage des Journalisten Günter Gaus: „Sehen Sie, es gibt Leute, die nehmen mir eine Sache übel, und das kann ich gewissermaßen verstehen: Nämlich, daß ich da noch lachen kann. Aber ich war wirklich der Meinung, daß der Eichmann ein Hanswurst ist, und ich sage Ihnen: Ich habe sein Polizeiverhör, 3600 Seiten, gelesen und sehr genau gelesen. Und ich weiß nicht, wie oft ich gelacht habe; aber laut! Diese Reaktion nehmen mir die Leute übel. Dagegen kann ich nichts machen. Ich weiß aber eines: Ich würde wahrscheinlich noch drei Minuten vor dem sicheren Tod lachen. Und das, sagen sie, sei der Ton. Der Ton ist weitgehend ironisch, natürlich. Und das ist vollkommen wahr. Der Ton ist in diesem Falle wirklich der Mensch. Wenn man mir vorwirft, daß ich das jüdische Volk angeklagt hätte: das ist böswillige Propaganda und nichts weiter. Der Ton aber, das ist ein Einwand gegen mich als Person. Dagegen kann ich nichts tun" (IwV 62).

Für das Arendtsche Werk hatte die Kontroverse um ihr Buch – neben den persönlichen Verletzungen, die auch das Zerbrechen von Freundschaften mit sich brachten – im wesentlichen zwei Folgen: Zum einen beschäftigte sich Arendt zeit ihres Lebens mit der Bedeutung der Figur Eichmann, ja man könnte sogar sagen, mit der paradigmatischen Bedeutung Eichmanns als des Menschheitsfeindes schlechthin. Ihre politischen Schriften sind kaum ablösbar von der Figur Eichmanns als dem Archetypus des Umschlags von Normalität in Terror. Die Themen ihrer Aufsätze und Bücher kreisen in immer neuen Variationen um dieses Grundthema: Sie behandeln das Phänomen, daß es Menschen gibt, die ihre Denkfähigkeit nicht ausgebildet haben, die über keine Urteilskraft verfügen und die ihre persönliche und politische Verantwortung nicht annehmen.

Zum zweiten nahm sie die heftigen persönlichen Angriffe, die ihre persönliche Integrität in Frage stellten, zum Anlaß, um über den Umgang mit Wahrheit und Lüge in der Politik nachzudenken. Die intellektuelle Figur des „Image-making", worunter sie das propagandistische Erzeugen von Quasi-Realität verstand und die sie im Zusammenhang mit dem Vietnam-Krieg prägt, entstammt auch der Kontroverse um ihr Eichmann-Buch. Die Berater der amerikanischen Regierung in den sechziger Jahren, die sie als „image maker" kritisiert, wollten eine fiktiven Welt errichten, die den Bürgerinnen und Bürgern vorgaukeln sollte, die strategischen Planspiele in den Regierungsbüros seien Extrapolationen der Wirklichkeit. Den israelischen Kritikern ihres Eichmann-Buches ging es freilich um etwas anderes. Ihnen war es eher um eine eindeutige Interpretation einer grauenhaften geschichtlichen Erfahrung im Sinne der Vorgeschichte der Staatsgründung zu tun. Arendt stand mit ihrer Art der Berichterstattung diesem Zweck im Wege. Sie wiederum nahm die politische Interpretation des Eichmann-Falles in Israel als Manipulation eines geschichtlichen Ereigniszusammenhangs wahr.

Kapitel VIII
Die Gründung der politischen Ordnung in der Revolution

Das Buch über die Amerikanische Revolution nimmt eine besondere Stellung in Arendts Werk ein. In der Wahrnehmung eines breiteren Lesepublikums ist es weniger präsent. Herausragend sind in der öffentlichen wie in der akademischen Meinung vielmehr nach wie vor das Buch über die totale Herrschaft und der Report über Eichmann. Bücher wie *Vita activa* (1958) und *Über die Revolution* (1963) treten dahinter zurück.

Über die Revolution erschien im gleichen Jahr wie *Eichmann in Jerusalem* auf dem amerikanischen Markt. Teilweise arbeitete Arendt gleichzeitig an beiden Büchern.

Wie *Vita activa* entstand auch dieses Buch aus Vorlesungen, in diesem Falle aus Vorlesungen, die Arendt zum Thema der Amerikanischen Revolution im Frühjahrssemester 1959 an der Princeton University hielt. Die Ausarbeitung der Vorlesung zu einem Buch zog sich bis in den Herbst 1962 hin. 1963 erfolgte die Publikation. Zwei Jahre später kam die deutsche Übersetzung unter dem Titel *Über die Revolution* heraus.

Im Briefwechsel mit Jaspers wird das Buchprojekt auch als *Politikbüchlein* bezeichnet. Arendt hatte ursprünglich geplant, die Vorlesung in ein für den Piper Verlag geplantes Buch über Politik hineinzunehmen; der Verleger selbst hatte dies angeregt. Das *Büchlein* sollte eine Art Einleitung in die Politik und das politische Denken werden. Je mehr Arendt aber an den Vorlesungsmanuskripten arbeitete, desto deutlicher wurde, daß daraus ein eigenes Buch werden würde. Aus dem *Politikbüchlein* ist dann nichts geworden. Ursula Ludz, die Herausgeberin vieler Publikumsausgaben der Arendtschen Werke in Deutschland hat postum Textfragmente, die Teile des Buches werden sollten, unter dem Titel *Was ist Politik?* herausgegeben.

Das Buch über die Revolution ist – läßt man einmal den so ganz anders gearteten *Bericht über die Banalität des Bösen* beiseite – das dritte Werk nach *Elemente und Ursprünge totaler Herrschaft*. Es trägt die Widmung: „Für Gertrud und Karl Jaspers in Verehrung – in Freundschaft – in Liebe". Für Jaspers stand es, wie er Arendt nach einer ersten Lektüre schrieb, in der Wertigkeit „neben, vielleicht über Deinem Buch über die totale Herrschaft" (AJ 540).

Tatsächlich verbindet dieses Werk – ebenso wie *Vita activa* – einiges mit ihren Reflexionen zur totalen Herrschaft. Das Buch über die Revolution geht den Hintergründen für die so verschiedenartige politische Geschichte in den Vereinigten Staaten und Europa nach. Es ist ein Buch über die amerikanische Gründung der politischen Freiheit, geschrieben mit der Frage im Hintergrund, weshalb die europäischen Massendemokratien im 20. Jahrhundert dem Ansturm totalitärer Bewegungen nicht standhalten konnten. Arendt versucht hier, einem europäischen Publikum nahezubringen, welch anderen Weg die politische Entwicklung Nordamerikas genommen hat und welche Alternativen für das politische Denken sich anhand der Amerikanischen Revolution auftun.

Dieser Aspekt ist deshalb so bedeutsam, weil gelegentlich noch immer behauptet wird, die Geschichte Nordamerikas sei ein Ausläufer oder Ableger der europäischen Geschichte. Arendt deutet hingegen die Amerikanische Revolution als ein grundsätzlich anders geartetes Ereignis, quasi als Gegenstück zum Verlauf der europäischen Revolutionen. Implizit enthält dieses Buch auch ein Plädoyer für den „republikanischen Weg", der im europäischen Raum seit dem Ende der italienischen Stadtstaaten und der Hanse nurmehr eine Randexistenz geführt hat, sieht man einmal von dem von den Briten im 20. Jahrhundert aus ihrem Kolonialreich heraus gegründeten „Commonwealth" ab. In Europa hat der nationale Zentralstaat in der Folgezeit die republikanische Form überdeckt, wenngleich ihr Symbolgehalt in Frankreich eine bedeutende Rolle spielt. Nach dem Ende des Ersten wie auch des Zweiten Weltkriegs werden Elemente des Republikanismus in europäische Verfassungen eingeführt, so z. B. in der deutschen Verfassung mit dem Zwei-Kammern-System. Doch in das politische Denken, in Mentalitäten und politische Programmatik ging der Republikanismus – zumindest in Deutschland – nicht ein.

Vor diesem Hintergrund greift das Buch eine verschüttete Tradition wieder auf und konfrontiert sie mit der „europäischen Erfahrung".

Das Buch ist ferner Arendts sehr persönliches Zeugnis für ihre Einlassung auf Geschichte und Politik der Vereinigten Staaten. 1951 war sie, nach vielen Jahren staatenloser Existenz, amerikanische Staatsbürgerin geworden. Ihre Beschäftigung mit amerikanischer Verfassungsgeschichte, auf der das Revolutionsbuch gründet, hat auch diesen biographischen Hintergrund. Es ist eine Entdeckungsreise in die amerikanische Geschichte, geschrieben von einer Europäerin, die zunächst das Gastrecht dieses Landes genoß, um dann die politische Zugehörigkeit zu erhalten.

Eine Unterströmung des Buches beschäftigt sich mit dem Begriff der politischen Freiheit in seinen geschichtlichen Dimensionen. Arendt geht aus von einer Unterscheidung zwischen Befreiung und Freiheit. Freiheit ist nicht einfach – wie Befreiung – identisch mit der Abwesenheit von Fremdherrschaft oder Zwang:

„Die Schwierigkeit, in den konkreten historischen Umständen jeweils genau den Punkt anzugeben, an dem sich Verlangen nach Befreiung und Wille zur Freiheit voneinander unterscheiden, besagt nicht, daß man Befreiung und Freiheit miteinander gleichsetzen kann oder daß die Grundrechte, die in einem Befreiungskampf errungen werden, bereits den Inhalt der Freiheit ausmachen" (ÜR 39).

In Revolutionen würde im Unterschied zu Rebellionen und Volksaufständen eine andere Dimension der Freiheit in den Vordergrund rücken, „die Erfahrung des In-Freiheit-Handelns" (ÜR 40).

Damit ist der Punkt benannt, an dem sich Befreiung von Freiheit unterscheidet, es ist das Handeln. Es ist ein Handeln, das zu einem politischen Neuanfang führt, der Gründung eines Gemeinwesens. Freiheit und auch Revolution sind damit an einen gründenden Akt gebunden. Eine Rebellion ende nur mit der Befreiung von irgend etwas: einem Tyrannen, einer ungerechten Herrschaftsform, drückenden Abgabelasten. Eine Revolution aber münde immer in eine „Gründung der Freiheit".

Was bedeutet nun der Begriff der „Gründung" für Arendt?

Mit einer Gründung wird im politischen Raum etwas Neues begonnen oder zu Ende geführt. Gründungen im öffentlichen Raum sind politische Akte, Handlungen, die zur Etablierung eines Gemeinwesens führen. Das Medium dieses Beginnens, das zugleich auch Prinzip des Handelns wird, ist eine Revolution. Sie bricht nicht einfach aus wie eine Rebellion, sondern wird „bewußt und in gemeinsamer Beratung entfacht und auf der festen Grundlage der wechselseitigen Verpflichtungen und Versprechen zu einem guten Ende geführt" (ÜR 275). Mit dem Verweis auf die „wechselseitigen Verpflichtungen und Versprechen" bezieht sich Arendt auf das in der pietistischen Tradition verwurzelte Versprechen vor Gott, das zugleich als Versprechen unter den Menschen gilt, jedes einzelnen vor Gott und aller untereinander und vor Gott, im übrigen ein Prinzip des Handelns, das auch in der jüdischen Tradition – Buch Exodus – präsent ist. Dieses Versprechen steht hinter dem berühmten „Mayflower Compact" der 41 amerikanischen Siedler von 1620 wie auch hinter der Unabhängigkeitserklärung von 1776. Eine Versammlung freier Männer, ähnlich der der griechischen Bürger in der Polis, verspricht sich untereinander und vor Gott, ein Gemeinwesen zu gründen, das auf dem Prinzip der Freiheit gründen soll.

Es gibt also eine „constitutio libertatis", eine regelrechte Gründung der Freiheit. In diesem Bedeutungszusammenhang geht Freiheit weit über das hinaus, was sie im alltäglichen Sprachgebrauch meint: das Freisein von etwas – oder der in Verfassung und Institutionen enthaltene gesetzliche Rahmen der Freiheit. Freiheit im Sinne der Arendtschen Interpretation der Amerikanischen Revolution ist Freiheit für etwas, für einen Raum des Handelns oder, konkreter: für eine Republik, gegründet auf dem freien Willen der Beteiligten. Freiheit ist identisch mit dem Prozeß und dem Akt des Handelns, der zur Gründung des Gemeinwesens führt.

Offensichtlich gibt es, das wird sowohl in *Vita activa* deutlich wie auch in *Über die Revolution*, eine Art „theologisch-politische Dimension" in Arendts Denken. Im besonderen historischen Falle Amerikas meint dies, daß sich ein politisches Gemeinwesen bewußt auf eine biblische Tradition bezog, die es weiterführen wollte. Der Umstand, daß hier auf eine theologisch-politische Dimension bei Arendt verwiesen wird, hat jedoch nicht nur mit der Bindung an Gott oder an einen Gott im konkreten historischen Falle zu tun. Es soll vielmehr darauf aufmerksam gemacht werden, daß politischer Sinn innerhalb eines Gemeinwesens nur in bezug auf eine von diesem Gemeinwesen unterschiedene Dimension gestiftet werden kann. Diese Dimension kann zum Beispiel das sein, was im alten Griechenland die Toten den Lebenden hinterließen: die Erzählung von ihren Ruhmestaten und ihrem Mut im Handeln. Das Christentum kennt diese transzendierende Dimension in der Gestalt Gottes; es kennt freilich kein unsterbliches Handeln auf Erden. Arendt argumentiert jedoch, daß die totale Herrschaft bewiesen habe, daß massendemokratische Gesellschaften, die ihre Sinnstiftung aus dem Privatleben und darüber hinaus aus der Partizipation am Staat und der Machtumverteilung ziehen wollen, den politischen Leidenschaften, den Gruppeninteressen und den Ideologien und letztlich der Gefahr eines nihilistischen Terrors stärker ausgesetzt sind als Gesellschaften, die diese transzendierende Dimension lebendig erhalten.

Erst aus einer Differenz heraus wird also Sinnstiftung bei Arendt möglich. Ohne das Hinausweisen über sich selbst würde sich das Gemeinwesen in der Arendtschen Perspektive in der Wiederholung des biologischen Reproduktionszyklus, in der Verwaltung sozialer Bedürfnisse und in der Erstellung mehr oder weniger moralischer Regeln erschöpfen.

Was freilich diese Dimension im einzelnen ist, darum geht es im gesamten Arendtschen Werk und nicht nur in *Über die Revo-*

lution. Die Debatte darum kristallisiert sich zum Beispiel in ihrem facettenreichen Begriff des Politischen.

Dieser bezeichnet eine Sphäre, in der sich alle Menschen als Handelnde aufeinander beziehen können. Diese Sphäre nennt Arendt auch „politischer Raum". In dem in diesem Raum stattfindenden Austausch – im Handeln, im Sprechen – entsteht Sinnstiftung für das menschliche Zusammenleben. Diese ist nicht per se fixiert; sie ist nicht zu verwechseln mit einem moralischen Wertekanon. Sinn entsteht vielmehr, wie sie in *Vita activa* erläutert, aus der Tatsache, daß Menschen sich aufeinander und auf die Welt, in der sie leben, beziehen, wenn sie handeln.

Es ist dieser Prozeß des Handelns, der zur Entfaltung politischer Macht führt. Hier ist für Arendt eine Nahtstelle, an der die Amerikanische Revolution sich von der Englischen und der Französischen Revolution unterscheidet. In jenen geht es – in jeweils unterschiedlichen Formen – um die Machtdelegation bzw. um die Machtkonzentration: an den König, an eine Volksversammlung. Zum Teil findet diese Machtneuverteilung – wie in den sogenannten „Vertragstheorien" des 17. und 18. Jahrhunderts angesprochen – in einer Art Unterwerfungserklärung (Hobbes) oder im freiwilligen Machtverzicht (Locke) oder in der – notfalls erzwungenen – Identität von Regieren und Regiertwerden (Rousseau) statt. In diesen symbolischen „Verträgen" erklären sich die Menschen bereit, auf die je individuelle Ausübung von Gewalt zur Erringung von Macht zu verzichten. Die Gegenleistung des Herrschers und gleichzeitig ein gutes Motiv für den freiwilligen oder erzwungenen Gewaltverzicht des einzelnen ist das Versprechen des Schutzes der Person und des Eigentums. Im amerikanischen Modell hingegen wird eine Republik gegründet, in der die Macht – beruhend auf dem Prinzip der Machtteilung – nicht beschnitten, sondern horizontal verzweigt und damit vermehrt wird. Sie reicht zum einen bis hinunter in die Townhall Meetings der Dörfer und Städte, wo sie in konkreten Entscheidungen sichtbar wird. Zum anderen wird eine Föderation von Einzelrepubliken mit einer – freilich starken – Zentrale verzahnt.

„Der eigentliche Zweck der (nordamerikanischen – AG) Länderverfassungen, die der Bundesverfassung vorangingen, war es, den Machtverlust, der durch das Verschwinden der englischen Krone und des englischen Parlaments eingetreten war, auszugleichen und neue Machtzentren zu schaffen. Für diese Aufgabe, *Macht neu zu etablieren*, mobilisierten die Gründer und die Männer der Revolution das ganze Arsenal dessen, was sie selbst ‚politische Wissenschaft' nannten, denn diese bestand ihrer Meinung nach darin, zu entdecken, in welchen ‚Formen und Kombinationen Macht in Republiken' auftritt" (ÜR 193 f.).
Damit ist schon der besondere Weg angezeigt, den die Amerikanische Revolution einschlägt. Aus ihr geht kein zentralistisch organisierter Nationalstaat hervor, sie benötigt auch keinen Herrscher. Sie muß freilich auch nicht feindliche Gruppen wie etwa den Adel niederringen, um einen Staat gründen zu können, wie in Frankreich. Aus dem Dilemma heraus, die Selbständigkeitsbestrebungen einzelner Republiken aufzufangen, schaffen die amerikanischen „Gründerväter" eine Föderation von Republiken.

Bei der Frage danach, wer politische Macht in einer Republik besitzt und wie sich diese manifestiert, wird noch einmal aus einem anderen Blickwinkel deutlich, welch anderen Bedeutungshintergrund politische Freiheit im Kontext der Amerikanischen Revolution für Arendt besitzt. Sie lehnt sich hier eng an den Franzosen Montesquieu an, dessen Theorie der Machtbegrenzung in Form des Machtausgleichs in der kontroversen amerikanischen Verfassungsdebatte 1787 und 1788 eine bedeutende Rolle gespielt hatte.

„Dabei dürfte die große Anziehungskraft Montesquieus auch darauf beruht haben, daß sein Werk den autochthonen Erfahrungen der amerikanischen Revolutionäre am nächsten kam; er bestätigte ihnen, was die Kolonialerfahrung sie ohnehin von Anbeginn gelehrt hatte, nämlich daß Freiheit nichts anderes ist als ‚die natürliche Fähigkeit oder Macht *(power)*, das, was wir möchten, zu tun oder zu lassen'" (ÜR 195).
Hier wird deutlich, daß Arendts Machtbegriff sich von dem unterscheidet, der sich in der modernen Soziologie und Politikwissen-

schaft durchgesetzt hat: ein Begriff der Macht, der von der Konzentration von Verfügungsgewalt über Personen und Sachmittel ausgeht. Am prägnantesten hat Max Weber diese Verengung des Machtbegriffs ausgedrückt, als er definierte: „Macht bedeutet jede Chance, innerhalb einer sozialen Beziehung den eigenen Willen auch gegen Widerstreben durchzusetzen, gleichviel worauf diese Chance beruht" (SGb 89). In dieser Definition wird die Differenz zwischen politischer und privater Sphäre nicht mehr angesprochen.

Arendt hingegen beharrt in der Nachfolge Montesquieus auf einer Interpretation, die unter Macht eine Entfaltung des menschlichen Handlungsraums versteht. Sie legt damit eine politische Dimension des Machtbegriffs frei, die in der Geschichte des politischen Denkens in den Hintergrund getreten ist – oder in Theorien der Partizipation (oder der Herrschaft oder Gewalt) eingegangen ist, welche dann in der Regel mit einem neutralisierten (Weber) oder negativ konnotierten (Partizipationstheorien) Machtbegriff arbeiten. In bewußter Absetzung von dieser Entwicklung setzt Arendt einen positiven Machtbegriff frei, der freilich unabtrennbar von dem des Handelns in Freiheit und der Gründung eines Gemeinwesens ist.

Arendt bindet überdies das Phänomen der Macht an gemeinsames Handeln; daher tritt Macht für sie nicht im Handeln von Individuen auf, die für sich Macht wollen (wie bei Max Weber). Die Bindung des Machtbegriffs an gemeinsames Handeln unterscheidet so diesen Machtbegriff von anderen. So werden hier die Grundlagen für Arendts positiven, von der wissenschaftlichen Begriffswelt abgegrenzten Machtbegriff gelegt, den sie durch ihr Werk hindurch weiter entfaltet und modifiziert.

„Will man die amerikanische Verfassung verstehen, so darf man nie aus den Augen verlieren, daß sie von vornherein zum Ziel hatte, Macht neu zu etablieren – und nicht einfach Macht zu limitieren –, und daß ihr dies gelang, indem sie ein neues Machtzentrum (die Föderation – AG) konstituierte und an die Stelle der Konföderation setzte, ein Machtzentrum, dessen Befugnisse für ein weites und zudem sich ständig noch ausdehnendes Territorium geplant waren und bewußt für den Autoritäts- und Machtverlust entschädigen sollten, der automatisch auf die Unabhängigkeitserklärung von dem englischen Mutterland gefolgt war ... Die amerikanische Verfassung zeichnet sich vor allen anderen dadurch aus, daß sie die durch die Revolution befreite Macht des Volkes konsolidierte; und insofern die Freiheit das Ziel der Revolution ist, kann man in der Tat sagen, daß das, was Bracton *constitutio libertatis,* die Gründung der Freiheit, genannt hat, sich hier ereignet" (ÜR 200 und 201).

In diesem Kontext besteht dann politische Freiheit im Handeln mit dem Zweck der Neuverteilung und Ausweitung der Macht des Volkes.

In ihrem Buch greift Arendt ferner jenes Problem wieder auf, das sie in *Elemente und Ursprünge totaler Herrschaft* formuliert hatte, als sie vom Niedergang des demokratischen Nationalstaats als einer Ursache für das Auseinanderbrechen der demokratischen Massengesellschaften zu Beginn des 20. Jahrhunderts gesprochen hatte. Dort hatte Arendt die Schwächen des Nationalstaats zum Beispiel an der Aushöhlung der demokratischen Gesellschaft in Frankreich während des Dreyfus-Skandals oder an der Dominanz des Imperialismus über den Nationalstaat erörtert.

Eine hinreichende Verdeutlichung dieses Paradigmas des „Zusammenbruchs" findet man freilich erst im Revolutionsbuch. Hier erörtert Arendt, warum die Zentralisierung der Macht im Nationalstaat die Entmächtigung des Volkes und damit eine zunehmende Ohnmacht seiner Bürger zur Folge hat. Sie erklärt dies beispielhaft an der Argumentation des Abbé Sièyes, eines der wichtigen Männer und Theoretiker der Französischen Revolution. In seinem Verständnis sollte die Nation zu einer über allem stehenden höchsten Autorität werden. Die Nation sollte „als Quelle der Gesetze über dem Gesetz" stehen (ÜR 203). Arendt kritisiert nun, daß Sièyes, indem er „die konstituierende Macht, also die Nation, aus dem politischen Bereich überhaupt entfernte und in einen unaufhebbaren, unveräußerlichen ‚Naturzustand' versetzte" (ÜR 211), aus dem alle Legalität und Legitimität stamme, jenen Kräften Tür und Tor öffnete, die dann die Verfassung zum Mittel ihrer Gruppeninteressen degradierten. Denn der Wille der Nation, argumentiert Arendt, Sièyes interpretierend, ändere sich ja ständig. Dieser Logik folgend mußten dann auch die Verfassungen immer wieder geändert werden. Allein während der Revolutionszeit wurden daher vier Verfassungen erlassen.

Hingegen sei in der amerikanischen Geschichte der „Ort der Macht ... ins Volk verlegt" worden (ÜR 204), nicht in die Nation. Die Amerikanische Revolution ging also einen anderen Weg: Das Volk nahm den Staat quasi für sich in Anspruch, nicht die Nation das Volk.

Nur aus dieser Perspektive heraus kann das Prinzip der föderativen Republik, wie es James Madison dann formulierte, als sinnvoll erscheinen. Doch einem zentral organisierten Nationalstaat erscheint eine Republik nach amerikanischem Muster womöglich als Bedrohung oder Machteinbuße.

„So darf man wohl sagen, daß, theoretisch gesprochen, das Einzigartige des nordamerikanischen, vorrevolutionären Siedlungsexperiments ... darin besteht, daß ein gemeinsames Handeln zu der Bildung von Macht führte, die dann bewußt erhalten wurde vermittels gegenseitiger Versprechen und durch das Errichten eines Bundes" (ÜR 227).

Der Grund für diese Besonderheit aber lag darin, daß

„die Männer der Amerikanischen Revolution unter Macht das genaue Gegenteil einer politischen Naturkraft [verstanden]; sie meinten die Institutionen und Organisationen, die nur auf wechselseitigen Versprechen, gegenseitigen Verpflichtungen und Abkommen beruhen" (ÜR 235).

Hingegen nahmen die französischen Revolutionäre mit der einen Hand dem Volk wieder weg, was sie ihm mit der anderen gaben. Indem sie den Volkswillen mit der Nation gleichsetzten und diese zu einer quasi metaphysischen Instanz machten, konnte sich der verallgemeinerte und quasi geheiligte Wille der Nation auf der anderen Seite auch gegen die politische Machtentfaltung im Volke selbst richten, indem er sie als gegen den „wahren Volkswillen" gerichtet ablehnte und verfolgte. Arendts Einwand gegen die Französische Revolution lautet also: Das metaphysische „höhere Recht der Revolution", das im realen Handlungsraum gar nicht mehr verankert war, konnte im Zweifelsfalle den realen revolutionären Gründungsprozeß entmachten. Dieses Prinzip der Überhöhung kehrt im übrigen in verwandelter Gestalt in der Russischen Revolution und auch in den rassistischen Bewegungen nach dem Ersten Weltkrieg wieder.

Während also der französische Weg auf die Vereinheitlichung des Volkswillens ausgerichtet war und diesen über die Vergöttlichung der Nation erreichen wollte, gründete, so Arendt, der amerikanische Weg gerade auf der Respektierung der Vielheit der widerstreitenden Interessen, die, indem sie in politischen Institutionen repräsentiert waren, zu einer organisierten Pluralität werden konnten, die den politischen Körper – den „body politick", wie es zu Zeiten der amerikanischen Gründung hieß – und seine Organe trug.

Im Untertext dieses komplizierten Tableaus der Differenzen zwischen der Amerikanischen und der Französischen Revolution läuft bei Arendt ein Reflexionsfaden mit, der den Ursachen für die so andere politische Entwicklung in Europa – verglichen mit der in den Vereinigten Staaten – nachgeht. Arendt suggeriert, daß in der unterschiedlichen Handhabung der politischen Macht – Zentralisierung versus pluraler Organisation – eine der Ursachen für das Dilemma der europäischen Entwicklung liegt.

Das Thema „Republik versus Nationalstaat" hat Arendt schon seit den späten vierziger Jahren, seit ihren Vorstudien zu dem zweiten Teil von *Elemente und Ursprünge totaler Herrschaft* beschäftigt. Die ungarische Revolution von 1956 hatte ihr die Aktualität dieses Themas als geschichtliches Ereignis erneut vor Augen geführt. 1966 geht sie in ihrem Essay zu Rosa Luxemburg den unterschiedlichen Interpretationen des Rätegedankens durch Lenin und Rosa Luxemburg nach. Selbst in ihren kritischen Anmerkungen zur amerikanischen und deutschen Studentenbewegung der sechziger Jahre hält sie noch Ausschau nach Elementen jenes anderen Weges, der eine Alternative zum Nationalstaat bildet. So interpretiert sie die Rätebewegung trotz ihres Scheiterns als Idee, die nicht an Aktualität und Plausibilität verloren hat. Es ist eine Idee, die genuin aus den Revolutionen entsprungen ist und daher in Arendts Sichtweise in jeder Revolution neu emporkommt. Arendt beharrt daher darauf, daß der Rätegedanke nicht eindeutig zuzuordnen ist, etwa dem Marxismus oder dem sowjetischen Kommunismus. Denn auch ausgesprochen antikommunistische Revolutionen wie die ungarische von 1956 greifen auf diese Idee zurück. Für Arendt ist es im Charakter der Revolution selbst angelegt, daß sie die Neuorganisierung der Macht in Gestalt von „Räten" oder delegierten Repräsentanten nahelegt. In diesen Räten, die sich quasi als politische Elite selbst rekrutieren, scheint, ohne daß es eine Tradition gibt, die darauf hinführt, jene Polis der ausgewählten Bürger wieder auf, die mit dem Ende des Altertums untergegangen ist.

Der Rätegedanke bleibt für Arendt bis zum Ende ihres Schaffens reizvoll, aber auch geheimnisvoll. Systematisch hat sie ihn freilich nie ausgearbeitet.

Eine andere Ursache für das Fehlschlagen von Revolutionen wie der französischen liegt für Hannah Arendt in der Überlagerung der politischen Aufgaben – Gründung eines politischen Gemeinwesens – durch das soziale Elend und die sozialen Interessen. In *Vita activa* hatte sie systematisch argumentiert, daß der soziale Bereich in der Moderne die politische Sphäre in den Hintergrund drängt, so daß schließlich auch der öffentliche Handlungsraum und die Fähigkeiten der Bürger zu handeln verschwinden. In *Über die Revolution* ergründet sie historisch, wie jener Wille, etwas über den Tag Hinausweisendes, ein bleibendes politisches Gemeinwesen zu gründen, in Europa von der Massenarmut und dem Bewußtsein überdeckt wird, daß man erst die Armut abschaffen müsse, ehe man sich der Ausgestaltung des Gemeinwesens widmen könne.

Hier liegen für Arendt weitere Gründe für den Erfolg der Amerikaner wie für den Mißerfolg der Franzosen:

„Amerika stand nicht unter dem Fluch der Armut. Die Gründung der Freiheit konnte nur gelingen, weil den ‚gründenden Vätern' die politisch unlösbare soziale Frage nicht im Wege stand; aber diese Gründung konnte für die Sache der Freiheit nicht allgemeingültig werden, weil die gesamte übrige Welt von dem Elend der Massen beherrscht war und blieb" (ÜR 85).

Es geht Arendt also nicht um das Urteil: Die Franzosen hätten anders handeln können, wenn sie nur die soziale Frage vernachlässigt hätten. Umgekehrt argumentiert sie: Die Amerikaner konnten ihren Weg nur erfolgreich gehen, weil ihnen das soziale Elend nicht im Wege stand und weil sie vor allem nicht mit derartigen Massen von verarmten Stadt- und Landleuten zu tun hatten. Amerika war zu Ende des 18. Jahrhunderts eine agrarische Gesellschaft mit wenigen kleinen Städten. Die Anzahl derer, die die Revolution machten und die Verfassung debattierten, war sehr klein. Paris hingegen war zum Zeitpunkt der Revolution längst eine Metropole, eine Stadt, in die die Bauern vom Land her strömten, wenn dort die Hungersnot um sich griff. Paris war eine Stadt, deren Ausmaße ständig zunahmen. Paris war, so würde man heute sagen, zu Zeiten der Revolution ein „sozialer Brennpunkt".

Um wieviel mehr müssen also die sozialen Mißstände den Gang des Denkens und der Ereignisse in Frankreich beeinflußt haben. Dies entging auch den amerikanischen Revolutionären nicht. Sie waren sich wohl bewußt, daß ihnen das Glück hold war, es nicht mit verarmten Massen zu tun zu haben. Bei ihren Reisen auf den Kontinent wurden sie Zeugen jenes Grundproblemes der Revolution: der Armut. Wie sie Armut sahen, das hatte seinerzeit John Adams, einer der „gründenden Väter", in einer bewegenden Passage beschrieben:

„Das Gewissen des armen Mannes ist rein, und doch schämt er sich ... Er weiß, daß er von anderen nicht gesehen wird, und tappt im dunklen. Die Menschen achten seiner nicht. Unbemerkt wandert und irrt er umher. Inmitten einer Menschenmenge, in der Kirche, auf dem Marktplatz ... ist es so dunkel um ihn, als wäre er in einem Dachstübchen oder im Keller.

Niemand mißbilligt ihn, tadelt ihn oder macht ihm Vorwürfe; *er wird bloß nicht gesehen* ... Einfach übersehen zu werden und sich dessen bewußt zu sein, ist unerträglich" (ÜR 87).

In dieser fast literarischen Passage wird ein Motiv gestreift, das sich durch Arendts gesamtes Werk zieht: Ein Leben ist nur dann ein Leben, wenn sein Träger auch öffentlich „erscheinen" kann, d.h., wenn er oder sie in die Öffentlichkeit gehen, an ihr teilhaben kann. Um wirklich zu sein, muß man, wie es in *Vita activa* geheißen hatte, öffentlich sein, das heißt allgemein sichtbar, hörbar und fühlbar. Nur ein Leben in der Öffentlichkeit ist ein volles Leben. Wenn jedoch die soziale Not den Menschen so einzwängt, daß er sich schämt, wie in jener Beschreibung von John Adams, tritt er kaum in die Öffentlichkeit, lebt er im Verborgenen, in der Scham.

In den Erhebungen und Aufständen des späten 18. und des 19. Jahrhunderts zeigen sich diese Massen der Armen freilich öffentlich, um dann im 20. Jahrhundert in anderer Gestalt in den totalitären Bewegungen wieder aufzutauchen.

In der „sozialen Frage" sieht Arendt den klarsten Unterschied zwischen der Amerikanischen und der Französischen Revolution. Sie benennt das Dilemma, in dem sich die französische wie auch später die russische oder andere Revolutionen in Deutschland oder Ungarn befinden: Sie sollen die soziale Frage „lösen" und opfern ihrer „Lösung" die freiheitliche politische Gründung. Das Mitleiden mit den Armen wie auch der Haß gegen die Reichen stehen in Arendts Sicht dem Erfolg der Revolution als einem politischen Gründungsakt entgegen. Die Konstitution der Freiheit scheitert folgerichtig an dem Anspruch, eine reale Gleichheit aller (keine formale wie gegenüber dem Gesetz) in ihren Lebensbedingungen und in ihren Lebensäußerungen quasi „herzustellen". Dies läßt sich nur erzwingen. Der Zwang jedoch ist der Gegner der Freiheit; er mündet in den Terror und die totale Herrschaft.

Es war insofern ein glücklicher Zufall der Geschichte, daß die amerikanischen Revolutionäre sich nicht für die soziale Frage zu interessieren brauchten, weil die realen sozialen Unterschiede durch die gleichen Ausgangsbedingungen, die gleichen Chancen des Überlebens und die gemeinsame Lebensgestaltung gemildert waren, weil es keine sozialen Ballungsräume gab, weil keine „Führer" die Macht an sich rissen, um die Erlösung von allem Übel auf Erden zu versprechen.

Heute nimmt man freilich auch wahr, daß diese Vorteile der Amerikanischen Revolution ihren Preis hatten: Erst die Ausklammerung der indianischen Urbevölkerung und der schwarzen Sklaven aus der menschlichen Spezies machte die Vorstellung möglich, daß sich die Pilger in Gottes Auftrag einen unbewohnten Erdteil untertan machen konnten. Erst das Bewußtsein, daß der ärmste der armen Siedler noch immer höher stand als der reichste der Sklaven, daß Sklaven und Indianer im Grunde nicht „menschenfähig" waren, konnte die soziale Frage so in den Hintergrund treten lassen, daß sie – zumindest im öffentlichen Bewußtsein – außer acht bleiben konnte.

So ist es kein Zufall, daß in diesem Buch das geschichtliche (die Fortune), das politische und das private Glück eine wichtige Rolle spielen. Glück liegt in der Koinzidenz verschiedener Umstände, die zur friedlichen und wohlüberlegten Gründung eines Gemeinwesens führt. Glück liegt im „Anspruch auf Teilhabe an öffentlicher Macht" (ÜR 163) wie auch in der Anerkennung der Legitimität des Glücksstrebens jedes einzelnen. Nur wenn man die drei genannten Aspekte in den Blick nimmt, wird verständlich, warum, wie Arendt schreibt, für Jefferson der „Verfolg des Glücks" Bestandteil der unveräußerlichen Menschenrechte war.

Im Rückblick gesehen ist *Über die Revolution* ebenso eine Antwort auf das Ereignis der totalen Herrschaft wie *Elemente und Ursprünge totaler Herrschaft* und *Vita activa*; zugleich kann es auch als Zeichen einer persönlichen Dankbarkeit gelesen werden, einer Dankbarkeit gegenüber dem Land, von dem Arendt als Bürgerin willkommen geheißen wurde.

Kapitel IX
Für eine Philosophie in der Welt

Nachdem Hannah Arendt am 4. Dezember 1975 gestorben war, fand man, so berichtete ihre Freundin, die Schriftstellerin Mary McCarthy, „ein Blatt Papier in ihrer Schreibmaschine, auf dem lediglich die Überschrift ‚Die Urteilskraft' und zwei Mottos standen. Irgendwann zwischen dem Samstag, an dem sie ‚Das Wollen' (der zweite Teil von *Vom Leben des Geistes* – AG) beendet hatte, und dem Donnerstag ihres Todes muß sie den letzten Teil in Angriff genommen haben" (LG 464).

Doch auch ohne diesen plötzlichen Tod hat *Vom Leben des Geistes* eine besondere Geschichte.

In der schon zitierten „Diskussion mit Freunden und Kollegen in Toronto" im November 1972 kam Arendt in der Beantwortung der Frage des Wirtschaftswissenschaftlers C. B. MacPherson nach dem Unterschied zwischen Denken und Handeln, auf deren Differenz sie insistierte, auf ihr Buch *Vita activa* zurück:

„Der Hauptmakel und -fehler bei der *Vita activa* ist folgender: Auf das, was in der Tradition ‚vita activa' heißt, schaue ich noch vom Standpunkt der ‚vita contemplativa', ohne je etwas Wirkliches über die ‚vita contemplativa' zu sagen.

Also hier, in der Blickrichtung von der ‚vita contemplativa' her, liegt bereits der erste Irrtum ... Ich versuche derzeit darüber zu schreiben ... Aber ich bin noch nicht so weit, daß ich Ihnen darüber berichten könnte" (IwV 75).

Und, fährt sie fort, sie sei auch nicht sicher, ob ihr der Perspektivwechsel gelingen würde.

Von den zwei geplanten Teilen – über das Denken sowie über das Wollen und das Urteilen – wurde der erste vollständig abgeschlossen; der zweite Teil blieb unvollendet, da er nur über das Wollen und nicht auch – wie beabsichtigt – über das Urteilen handelte. Der abgeschlossene und der unabgeschlossene Teil sind aus verschiedenen Vorlesungen in Chicago und New York, vor allem aber aus den berühmten *Gifford Lectures* entstanden, die Arendt 1973 und 1974 an der Universität Aberdeen in Schottland hielt.

Nach Arendts Tod wurde ihre Freundin Mary McCarthy Nachlaßverwalterin. 1978 gab sie das unvollendet gebliebene Werk heraus. Um das Thema des Urteilens wenigstens mit ins Spiel zu bringen, fügte Mary McCarthy einen Anhang an, in dem sie *Auszüge aus Vorlesungen über Kants politische Philosophie* präsentierte. Vier Jahre später machte sich der Politikwissenschaftler Ronald Beiner daran, aus Arendts Vorlesungen zu Immanuel Kant den Korpus für den abschließenden Teil des zweiten Bandes – das Urteilen – zu rekonstruieren und zu kommentieren. So könnte man also sagen, das unvollendete Werk hätte schließlich doch einen Abschluß gefunden. Dennoch muß berücksichtigt werden, daß der letzte Teil nicht autorisiert ist.

Blickt man retrospektiv auf Leben und Werk von Hannah Arendt, so fällt auf, daß sich in allen ihren sogenannten konkret-historischen Büchern eine gedankliche Unterströmung findet, die den Büchern eine – manchmal mehrdeutige – Tiefendimension verleiht. In *Rahel Varnhagen* ist es die Auseinandersetzung mit den Figuren des Paria und des Parvenu, in *Elemente und Ursprünge totaler Herrschaft* die Frage nach den Hintergründen und den Elementen jener „Selbstvergessenheit", mit der die Moderne die von ihr geschaffene freiheitliche Ordnung zerstört. In *Vita activa* begleitet die Auseinandersetzung mit den menschlichen Tätigkeiten eine Reflexion über die Verlagerung der Perspektive auf die Welt – vom Handeln zum Arbeiten. In *Über die Revolution* wird die Frage diskutiert, wie Gemeinwesen sich ihren eigenen Ursprung schaffen und also herausbilden, was im modernen Sprachgebrauch „Legitimation" heißt.

Zieht man das kürzlich herausgekommene *Denktagebuch* hinzu, so wird man gewahr, daß Arendts Büchern jeweils intensive Vorstudien vorausgingen, die immer mit der Arbeit an Begriffen verbunden waren. In dem *Denktagebuch*, in dem sie Reflexionsstücke und Exzerpte niederschrieb, faltete sie die Entstehung und den Gebrauch der Begriffe durch die Geschichte des Denkens hindurch auf und stellte die Verschiebungen und ihre Hintergründe, die sich im Laufe der Zeit herstellten, ins Zentrum der Reflexion.

Blickt man nun auf ihr letztes Werk *Vom Leben des Geistes*, so wird deutlich, daß Arendt darin einer seit den vierziger Jahren immer wieder aufgenommenen Grundfrage weiter nachgeht. Sie wendet sich nämlich wieder den Ursprüngen und Hintergründen für jene Selbstentmächtigung der Moderne und der modernen Menschen zu, die sie so schwer zu verstehen fand.

Es ist aufschlußreich, daß sie selbst das Buch als eine Art Fortführung ihres früheren Buches *Vita activa oder Vom tätigen Leben* einordnet. Noch aufschlußreicher ist aber, daß sie die Idee der Widmung, die sie bei *Vita activa* wieder fallengelassen hatte, nun wieder aufgreift. Diesmal stellt sie Heidegger keine hypothetische Frage wie anläßlich des Erscheinens von *Vita activa* (s. Kapitel III), sie fragt einfach und direkt:

„Ich habe eine letzte Frage, die ich mir mündlich wohl doch nicht leisten konnte. Es ist immerhin möglich, daß mir ein Buch, das ich unter den Händen habe – eine Art zweiter Band *Vita activa* –, doch noch gelingt. Über die nicht-tätigen menschlichen Tätigkeiten: Denken, Wollen, Urteilen. Ich habe keine Ahnung, ob es wird und vor allem, wann ich damit fertig sein werde. Vielleicht niemals. Sollte es aber gehen – darf ich es Dir widmen?" (AH 208).

Heidegger antwortet:

„Dein zweiter Band *Vita activa* wird so wichtig wie schwierig sein. Ich denke da an den Beginn des ‚Humanismusbriefes' und an das Gespräch in *Gelassenheit*. Wir müssen uns abmühen, wenigstens dem Unzureichenden zu genügen. Du weißt, daß ich mich über Deine Widmung freuen werde" (AH 209).

Ihre Reflexionen in *Vom Leben des Geistes* beginnt Arendt mit einer scheinbar harmlosen Ausgangsfrage: Auf welche Fähigkeiten stützen sich Menschen, wenn sie handeln?

Schon in der Einleitung zum ersten Teil über das Denken wird deutlich, daß Arendt mit ihrer Hinwendung zu philosophischen Grundkategorien nicht einfach in die Urgründe des philosophischen Denkens zurückkehrt, sondern vielmehr eine politische Auseinandersetzung auf dem Felde der Philosophie beginnt. Rhetorisch fragt sie sich einleitend, welche Motive sie bewogen hätten, ein solches Werk anzugehen. Ihre Antwort ist aufschlußreich: Sie führt zum einen den Eichmann-Prozeß in Jerusalem 1961 an und das Phänomen der offensichtlichen Gedankenlosigkeit eines Organisators des Massenmords.

Ein zweiter Anlaß ergab sich aus ihrem Interesse, in jenes Reich einzudringen, das seit der Antike als das der Kontemplation, der Ruhe und last but not least – der Wahrheit bezeichnet wird und das in der Moderne, wie sie in *Vita activa* erläutert hatte, so entschieden in den Hintergrund gedrängt wird. Arendt will nachverfolgen, was sich in jenem der Welt angeblich so abgewandten Reich des Denkens abspielt.

Wer näher hinschaut, wird feststellen, daß der zweite „Anlaß" auch mit dem Denken Martin Heideggers zu tun hatte. Die Abhandlungen über *Das Denken* und *Das Wollen* sind eine Auseinandersetzung mit zwei von Heideggers grundlegenden Kategorien. Auf diese Auseinandersetzung soll hier im einzelnen nicht eingegangen werden; sie soll aber doch erwähnt werden.

Schon in der Einleitung setzt sich Arendt von einer möglichen Erwartung der Leser ab, sie wolle vielleicht am Ende ihres Lebens wieder zur Philosophie zurückkehren und damit zu ihrem Lehrer Martin Heidegger. Es beunruhige sie, daß sie sich gerade auf dieses Thema einlasse, „denn weder kann noch möchte ich als ‚Philosoph' gelten oder zu denen gezählt werden, die Kant nicht ohne Ironie die ‚Denker von Gewerbe' nannte" (LG 13). Sie frage sich, ob man „diese Probleme" nicht lieber „den Spezialisten" überlassen sollte. Doch augenscheinlich wollte sie dies gerade nicht.

Als wolle sie sich selbst verwarnen, schreibt sie, daß mitunter die Erleichterung, sich nach dem – maßgeblich von Heidegger betriebenen – „Ende der Metaphysik", unbelastet von Traditionen, mit dem Denken befassen zu können, mit einer Unfähigkeit einhergehe, sich überhaupt mit nicht-gegenständlichen Dingen zu beschäftigen. Dennoch, so ihr Fazit, dürfe man nach diesem Zusammenbruch der Traditionen, der eben auch die Philosophie ergriffen habe, das Denken gerade nicht so behandeln, als sei es „das Monopol einer Spezialdisziplin" (LG 23).

Zu fragen wäre dann, was Denken in der Arendtschen Welt meint.

Zunächst geht es ihr um das gegenseitige Verhältnis von denkendem Ich und der Welt. Sie widmet sich der Unterscheidung zwischen Sein und Schein, fragt nach dem „Wer" des Denkens, immer wieder Bezug nehmend auf Kants Unterscheidungen zwischen Ich und Selbst. Im Zentrum steht die Beantwortung der Frage, was Denken überhaupt ist, worin es besteht und wo es stattfindet. Zunächst unterscheidet sich das Denken von anderen geistigen Tätigkeiten wie zum Beispiel dem gesunden Menschenverstand oder der Verstandestätigkeit allgemein. Zu ihnen steht das Denken in einem Reibungsverhältnis. Sodann löst Arendt das Denken vom Verstand und somit vom Erkennen und der Erkenntnis ab und stellt es neben die Vernunft, das heißt, sie bringt es in Zusammenhang mit der Suche nach der Sinnhaftigkeit.

Das Wandeln auf den Spuren des Denkens beginnt also nicht in den Gefilden des Absoluten oder des Substanziellen, sondern in der Welt der Erscheinungen und in der mit der menschlichen Existenz verbundenen Suche nach Sinn.

Denken ist eine die Existenz begleitende und gleichzeitig eine sich von der konkreten Gestalt der Existenz distanzierende, auf das Sein „schauende" Tätigkeit, deren Ort das Hier und Jetzt ist und die sich gleichzeitig außerhalb der Zeit befindet. Denken ist daher auch eine Tätigkeit, die von allen auf konkrete Mittel und Zwecke gerichteten Überlegungen abstrahiert. Denken ist ebenso aufbauend wie zerstörend; es stellt das Gedachte immer wieder in

Frage – und ist niemals abgeschlossen. Das heißt, die Denktätigkeit ist unendlich.

Eine andere Seite des Denkens ist das Zwiegespräch mit sich selbst, für das die Metapher des Gewissens steht. Das antike Denken kennt diese Figur im Sokratischen Dialog, die Sophisten machten eine Kunst daraus. Auch Aristoteles kennt das Gespräch des Ich mit sich selbst. Die Grundmaxime dieses Dialogisierens lautet: Ich darf mir selbst nicht feind werden, sonst kann ich es nicht mit mir aushalten.

Im Christentum findet man dafür die Figur des schlechten Gewissens, des Wissens darum, daß man etwas Böses getan hat. Es ist aufschlußreich für Arendts Herangehen an diese scheinbar abstrakteste aller philosophischen Kategorien, daß sie diese Seite des Denkens mit dem Trauma der Shoa zusammenbringt. Sie fragt nämlich, wie jemand (Eichmann) es aushalten kann, mit einem Mörder in sich selbst zu leben. Ihre Antwort ist so einfach wie verblüffend: Jemand, der dieses innere Zwiegespräch nicht kennt, kann Verbrechen begehen, ohne mit sich selbst in Zwiespalt zu geraten.

Dieser gedanklichen Volte folgend, wäre Denken „nichts politisch Unerhebliches mehr" (LG 191). Übertragen auf die Situation der totalen Herrschaft würde das bedeuten: Gedankenloses Mit-Tun bzw. ein gedankenvolles Sich-Distanzieren hängt von der Entwicklung einer spezifischen Fähigkeit ab, nämlich der, sich und sein Tun denkend, das heißt kommentierend zu beurteilen.

„In solchen Notlagen (wie der totalen Herrschaft – AG) erweist sich, daß die ausräumende Seite des Denkens (die Sokratische Hebammenkunst, die die Konsequenzen ungeprüfter Meinungen herausarbeitet und diese dadurch zerstört – Werte, Doktrinen, Theorien und sogar Überzeugungen) mittelbar politisch ist. Denn diese Zerstörung wirkt befreiend auf ein anderes Vermögen, das Vermögen der Urteilskraft, das man mit einiger Berechtigung das politischste der geistigen Vermögen des Menschen nennen kann. Es ist das Vermögen, das *Einzeldinge* beurteilt, ohne sie unter allgemeine Regeln zu subsumieren, die sich lehren und lernen lassen, bis sie zu einer Gewohnheit werden, die sich dann durch andere Gewohnheiten und Regeln ersetzen läßt.

Das Vermögen der Beurteilung von Einzelnem (wie es Kant herausgearbeitet hat) – daß man sagen kann: ‚Das ist unrecht', ‚Das ist schön' usw. – ist nicht dasselbe wie das Denkvermögen. Das Denken beschäftigt sich mit Unsichtbarem, mit Vorstellungen von Abwesenheit; die Urteilskraft hat stets mit Einzeldingen und mit Zuhandenem zu tun. Doch beide hängen miteinander zusammen, wie auch Bewußtsein und Gewissen. Das Denken – das Zwei-in-einem des stummen Zwiegesprächs – aktualisiert den Unterschied in unserer Identität, wie er im Bewußtsein gegeben ist, und so entsteht als Nebenprodukt das Gewissen; die Urteilskraft, das Nebenprodukt der begreifenden Wirkung des Denkens, realisiert das Denken, bringt es in der Erscheinungswelt zur Geltung, wo ich nie allein bin und immer viel zu beschäftigt, um denken zu können. Der Wind des Denkens äußert sich nicht in Erkenntnis; er ist die Fähigkeit, recht und unrecht, schön und häßlich zu unterscheiden. Und dies kann – in den seltenen Augenblicken, da Einsätze gemacht sind – in der Tat Katastrophen verhindern, mindestens für das Selbst" (LG 192).

Hier ist eine der Bruchstellen benannt, an denen Denken und Urteilen ineinander übergehen. Eben diese Verbindung hätte Arendt in dem letzten Teil über das Urteilen dann ins Zentrum stellen wollen.

In den resümierten Passagen findet sich eine deutliche Wendung gegen Heidegger, der das Denken in Distanz zur Welt sieht, während Arendt es an die Welt bindet. Der Grund für die Abwendung von Heideggers Weg war vermutlich ihre Überzeugung, daß die Weltabgewandtheit des Denkens die Unterhöhlung von Traditionen begünstigt, die ihrer Meinung nach für die Aufrechterhaltung politischer Ordnungen essentiell waren. Hier sind vor allem Moral und Ethik gemeint, die ohne die immer wieder neue Konfrontation mit der Wirklichkeit und dem eigenen Selbst dazu neigen, zu abgehobenen, gleichsam abstrakten Regelwerken zu werden, die dann im Dienste von Herrschaftsinteressen manipuliert werden können, während sie im täglichen Leben außer Kraft gesetzt werden. Solche Vorgänge lagen dem Emporkommen totalitärer Bewegungen nach Arendts Meinung ebenso zugrunde wie der konkrete Zusammenbruch politischer Strukturen.

Und lag hier nicht auch ein Schlüssel für das so rätselhafte Einschwenken Heideggers auf den Nationalsozialismus?

Daher beharrt Arendt auch darauf (und hier liegt ein großer Unterschied zur Philosophie Heideggers): Denkfähigkeit „ist kein Vorrecht der wenigen, sondern eine stets bereit liegende Fähigkeit jedes Menschen" (LG 190). Doch das Gegenteil trifft auch zu:

„entsprechend ist die Denkunfähigkeit nicht ein Mangel an Hirn bei den vielen, sondern eine stets bereit liegende Möglichkeit bei jedem – auch bei Wissenschaftlern, Gelehrten und anderen geistigen Spezialisten. Bei jedem kann es dazu kommen, daß er jenem Verkehr mit sich selbst ausweicht, dessen Möglichkeit und Wichtigkeit Sokrates als erster entdeckt hat ... Ein Leben ohne Denken ist durchaus möglich; es entwickelt dann sein eigenes Wesen nicht – es ist nicht nur sinnlos, es ist gar nicht recht lebendig. Menschen, die nicht denken, sind wie Schlafwandler" (LG 190).

Also ist davon auszugehen, daß jeder die Fähigkeit zum Denken hat, daß aber nicht jeder sie entwickelt. Beurteilt werden die Menschen allerdings danach, was sie können, nicht danach, welche Fähigkeiten sie nicht ausgebildet haben.

Damit hat Arendt einen Weg gefunden, nicht nur Eichmann, sondern auch alle jene Intellektuellen (wie Heidegger und andere), die sich auf den Nationalsozialismus eingelassen hatten, als Bürger anzusprechen, die für ihr Tun (und ihr Unterlassen) verantwortlich sind, auch wenn sie nicht darüber nachdenken. Das willfährige Verhalten vieler Intellektueller hatte Arendt seit 1933 bedrückt, ja zornig gemacht, wie sie immer wieder erkennen läßt. Die Crux lag ihrer Meinung nach darin, daß in den intellektuellen Gefilden das Denken als eine Spezialdisziplin betrieben wurde, die keine Verantwortung gegenüber der Welt übernahm. In dieser

Atmosphäre der Weltlosigkeit vermengten sich dann paradoxerweise die „Denker von Gewerbe" mit denjenigen, die des Denkens nicht fähig oder willig waren. Vor diesem Hintergrund erst wird das Bündnis von „Mob und Elite", von dem Arendt in *Elemente und Ursprünge totaler Herrschaft* gesprochen hatte, vollends verständlich.

Auch im zweiten Teil des Buches *Vom Leben des Geistes* (über das Wollen) nimmt Arendt das Gespräch mit Heidegger auf. Nachdem dieser in den zwanziger Jahren das Wollen als prometheischen Willen zur Macht definiert hatte und damit der völkisch-nationalsozialistischen Ideologie („Wille zur Tat") sehr nahe gekommen war, distanzierte er sich nach dem Gewahrwerden seines „Irrtums" vom „Willen zum Wollen" und besann sich auf die „Gelassenheit", das heißt die Distanz gegenüber der Welt des Daseins und der Technik.

Arendt hingegen beharrt auf dem Willen als der einzigartigen Fähigkeit, etwas anfangen zu können. Der Wille sei essentiell für die Stiftung der Freiheit. Und doch treibt uns das Wollen auch in einen „Abgrund der reinen Spontaneität" (LG 442): den Willen, das Alte durch das jeweils Neue zu ersetzen. – Der Teil über den Willen endet mit einem überraschenden Schluß: Die wirkliche Möglichkeit zur Freiheit, heißt es da, als das Vermögen, eine neue Ordnung für menschliches Zusammenleben zu schaffen, ist nicht Sache des Willens; vielmehr ist die Möglichkeit zur Freiheit mit der Tatsache der Gebürtlichkeit des Menschen gegeben. Am Ende des unvollendet gebliebenen zweiten Teils kommt Arendt also erneut auf jene vielsagende Textstelle des Augustinus zurück, die lautet: „Initium ... ergo ut esset, creatus est homo, ante quem nullus fuit – Damit ein Anfang sei, ist der Mensch geschaffen worden, vor dem niemand war" (LG 442). Diese Stelle hatte sie am Schluß ihres Buches *Elemente und Ursprünge totaler Herrschaft* zitiert und damit auf die existentielle Offenheit (vielleicht auch Hoffnung) nach dem Ende der totalen Herrschaft verwiesen.

Am Ende von *Vom Leben des Geistes* zieht Arendt jedenfalls die Schlußfolgerung:

„Die ganze Fähigkeit zum Anfangen (und damit zur Freiheit – AG) wurzelt im *Geborensein* und gar nicht in der Kreativität (d. i. im Willen – AG), nicht in einer Gabe, sondern in der Tatsache, daß Menschenwesen, neue Menschen, wieder und wieder durch die Geburt in der Welt erscheinen.

Ich sehe durchaus, daß das Argument ... nur zu besagen scheint, wir seien zur Freiheit *verurteilt*, indem wir geboren seien, ob wir nun die Freiheit lieben oder ihre Willkür verabscheuen, ob sie uns ‚paßt' oder ob wir uns lieber ihrer furchtbaren Verantwortung entziehen, indem wir uns einer Form des Fatalismus zuwenden. Dieser tote Punkt, wenn es einer ist, läßt sich einzig mittels eines weiteren Vermögens überwinden, nicht weniger geheimnisvoll als das Vermögen zum Beginnen; der Urteilskraft, deren Analyse uns mindestens lehren könnte, was es mit unserem Gefallen und Mißfallen auf sich hat" (LG 443).

Das heißt wiederum, daß nicht der Wille uns zum Handeln befähigt, sondern die Tatsache, daß wir in eine Pluralität der Menschen hineingeboren sind, in die jeder sich urteilend hineinbegeben muß.

Im Anhang der von Mary McCarthy herausgegebenen zweibändigen Fassung von *Vom Leben des Geistes*, in dem Exzerpte zu Kants Philosophie veröffentlicht sind, wird die Richtung erkennbar, in die Arendts weitere Argumentation vermutlich gegangen wäre. Da es nicht der Wille allein, sondern die Tatsache der Gebürtlichkeit ist, auf der die Fähigkeit zur Gründung der Freiheit ruht, kommt es im freien Handeln also auf die Urteilskraft an, dieses zu tun und jenes zu lassen.

Das Subjekt des Handelns ist hier freilich immer schon in seinem Mit-Sein mit anderen gedacht, in seiner Differenz zu anderen und seiner Pluralität mit ihnen.

Dadurch, daß das Geborenwerden nie aufhört, sind die existentiellen Grundlagen für diese Pluralität immer schon mitgegeben und nicht Ergebnis eines Willensaktes oder gar einer Rücksichtnahme seitens der Handelnden. Es ist freilich für das Verstehen des Arendtschen Denkens äußerst wichtig, Pluralität und Mit-Sein als Differenz zu denken – und nicht als Verkörperung oder Verschmelzung.

Arendt besteht darauf, daß Urteilskraft kein moralisches Vermögen ist. Es ist – darin folgt sie Kant – nicht etwa Folge einer Internalisierung moralischer Normen. Es handelt sich auch nicht darum zu erreichen, daß jemand nur Gutes tue. Das Besondere am Urteilsvermögen ist vielmehr die Fähigkeit, von sich selbst zu abstrahieren und sich in den „Standpunkt anderer", d.h. in ihre Besonderheit, in ihre Würde zu versetzen.

Vielleicht am prägnantesten kommt die Schwierigkeit, Urteilskraft aus dem Reich des philosophischen Denkens in das Reich des Politischen zu übertragen, in einer Stelle in Arendts *Denktagebuch* zum Ausdruck. Dort notiert sie im Februar 1970:

„Apropos Schelling, Wesen der menschlichen Freiheit:
Gegen Freiheit als Willensphänomen – die <u>Wahl</u> zwischen Gut und Böse, als seien es Substanzen – Freiheit als ‚initium', einen Anfang setzen. Dann wird aus der Wahlfähigkeit das Urteilsvermögen: ‚to tell right from wrong', das Unterscheidungsvermögen.

Die Schlechtigkeit ist ein Willensphänomen. Das Böse ist ein Phänomen mangelnder Urteilskraft.

Da Urteilskraft auf andere reflektiert, ist nur der ‚böse' Mensch, der nicht urteilt, den Unterschied nicht kennt, zu allem fähig. Urteilen selbst hängt mit Denken insofern zusammen, als sich im Denken die Differenz, also die <u>angeborene</u> Pluralität aktualisiert. Schlechtigkeit reflektiert auf andere, hat ein Gewissen etc. Siehe Richard III.

Das Entscheidende ist nicht, dass man nicht mit einem Mörder zusammenleben will, also sich widerspricht, sondern daß man nicht Zwei-in-Eins ist – d.h. als Einer nur von einem ungeteilten Selbst getrieben dahinlebt" (DT 767 f.).

Eben das aber war ihrer Meinung nach das banale Geheimnis von Adolf Eichmann gewesen.

Kapitel X
Das Politische in seinem Raum

In der mehrfach erwähnten Diskussion mit Freunden 1972 in Toronto wurde Hannah Arendt von mehreren Teilnehmern gefragt, wie sie es mit dem Verhältnis des politischen zum sozialen Leben halte. Die Frager bezweifelten, ob eine solche Trennung in der modernen Massengesellschaft überhaupt möglich sei. Darauf antwortete sie:
„Es gibt Dinge, bei denen man die richtigen Maßnahmen errechnen kann. Diese Dinge können wirklich verwaltungsmäßig erledigt werden und sind dann nicht mehr Gegenstand öffentlicher Debatten. Die öffentliche Debatte kann nur Dinge behandeln, die wir – wenn wir es negativ formulieren wollen – nicht mit Sicherheit errechnen können" (IwV 89 f.).
Gefragt, ein Beispiel zu nennen, spricht sie über den öffentlichen Wohnungsbau, an dem manche Dinge politisch seien, während andere eben verwaltungstechnisch geregelt werden könnten.

Ihre Antworten lassen unbefriedigt, vor allem deshalb, weil Augenschein und tägliche Erfahrung dagegen sprechen. Das Politische scheint so sehr mit dem Sozialen verwoben, ja mit ihm identisch zu sein, daß es willkürlich anmutet, die beiden Dimensionen voneinander trennen zu wollen.

Doch hilft vielleicht ein Blick auf die in Kap. VI angesprochene Trennung des privaten vom öffentlichen Bereich, um zu verstehen, was Arendt mit ihrem Bestehen auf einer Trennung zwischen dem Sozialen und dem Politischen beabsichtigt.

In *Vita activa* hatte sie die Entstehung des politischen Bereichs zweifach und zugleich zwiespältig begründet: Einerseits eröffne sich der politische Raum erst aus der Möglichkeit, sich vom Privaten mit seinen Zwängen, Begierden und persönlichen Interessen zu lösen. Erst aus der „Freiheit von ..." könne eine „Freiheit zu ..." hervorgehen. Nur die Fähigkeit, sich bewußt zusammenzutun und etwas zu schaffen, das über die notwendigen Angelegenheiten der gegenwärtigen Generation hinausreiche, könne zur Gründung eines Gemeinwesens führen.

Andererseits sei die Trennung auch deshalb notwendig, weil der private Raum ein Schutzraum sei, den man verlasse, wenn man sich in die Öffentlichkeit begebe, um sich dort zu exponieren, und in den man sich wieder zurückziehe, wenn die öffentlichen Aufgaben beendet seien. Überhaupt könne nur öffentlich wirken, wer diesen privaten Schutzraum habe. Beide Bereiche bedingen einander. Ohne das Nicht-Politische, das Private, kann es das Politische nicht geben. Auch ist das Private nicht mit dem Sozialen zu verwechseln. Über das Dilemma, in das die sozialen Nöte das politische Handeln bringen können, hatte Arendt ja hinlänglich in *Über die Revolution* gesprochen.

Die Frage ist nun, wie der politische Raum bestimmt ist und was in ihm geschieht.

Er ist zunächst bedingt durch die Gegebenheiten der menschlichen Existenz, über die in *Vita activa* die Rede war: Gebürtlichkeit und Sterblichkeit. Mit jeder Geburt beginnt etwas Neues, mit jedem Tod endet etwas. Jeder geborene Mensch ist ein potentiell Handelnder in diesem Raum.

Eine zweite Voraussetzung des politischen Raumes ist seine Pluralität. Metaphorisch gesprochen besteht dieser Raum aus den vielen Handelnden, die sich aufeinander beziehen. Freilich stellt Arendt diese Bezogenheit nicht, wie so oft im kontinentaleuropäischen Kontext geschlußfolgert wird, als harmonischen Körper, zusammengeschweißt in einem gemeinsamen „Willen", vor. Vielmehr ruht diese Bezogenheit aufeinander auf einer Verschiedenartigkeit der Perspektiven, die die Handelnden einnehmen. Diese Perspektiven äußern sich in „Meinungen", die eine begründete Wahrnehmung der Dinge enthalten, wie sie in der Welt erscheinen. Die Perspektiven bestehen sowohl aus dem je einzelnen Blick des an der gemeinsamen Welt Teilnehmenden wie auch aus der Verschiedenheit der Perspektiven der vielen, die gleichwohl auf die gemeinsame Welt bezogen ist. Aus der Verschiedenartigkeit der Meinungen und Perspektiven entstehen Reibung, Widerspruch, Übereinstimmung und immer wieder neue Perspektiven in einem unabschließbaren Prozeß.

Eine dritte Voraussetzung ist die Möglichkeit der Handelnden, ihre Fähigkeiten auch in Handeln umzusetzen. Nicht jeder hat seine Fähigkeiten so weit ausgebildet, daß er (oder sie) öffentlich handeln kann. Und, last but not least, Handeln ist keine Angelegenheit des Willens. Handeln zeigt sich im Ereignis, ob dieses nun herbeigeführt wird (wie eine Verfassungsgebung) oder „geschieht", d. h. nicht vorhersehbar ist.

Schon bei diesen Argumentationsschritten wird man gewahr, daß es sich nicht nur um einen physischen (etwa geographischen) Raum handelt, sondern auch um einen symbolischen. Einerseits ist das Gemeinwesen, abstrakt gesprochen, wie die Welt als Ganzes dieser Raum. Andererseits zeigt sich dieser Raum in dem „Zwischen-den-Menschen" in einem gegebenen politischen Gemeinwesen, das sich durch das gemeinsame Handeln immer wieder von neuem regenerieren soll. Dabei ist das Gemeinsame in der Pluralität, d. h. Verschiedenartigkeit repräsentiert. Das Gemeinsame ruht auf der Verschiedenartigkeit, ersetzt sie nicht etwa.

In der politisch-geschichtlichen Realität wirken an diesem Zustandekommen des Raumes viele mit: die Handelnden wie auch die von ihnen geschaffenen Institutionen und die Bedingungen, die die Welt selbst setzt. Diese allein können diesen Raum aber nicht begründen oder besetzen. Das Moment des Anfangens, das die Handelnden setzen, indem sie etwas beginnen, gehört immer mit dazu. Aus ihm erst kann dann jenes „Neue" entstehen, das dem Handeln seine Bedeutsamkeit verleiht. Aus dem Impuls des Neuen soll jener symbolische Raum des „Zwischen", von dem die Rede ist, immer wieder erneuert werden. Die Ereignishaftigkeit der Geschichte, deren Lauf die Handelnden nicht voraussehen können, deren Geschehen sie unter Umständen überraschen kann, sorgt zum Beispiel für plötzliche Öffnungen dieses Raums. So fügt sich das Handeln in die Geschichte ein, in deren Offenheit und Zufälligkeit die Handelnden intervenieren, die sie jedoch nicht determinieren können.

Man geht sicher nicht fehl, wenn man sich hier an Machiavellis Gedanken über das Zusammentreffen von virtù und fortuna erinnert fühlt.

Nun ist der reale politische Raum nicht nur von den Handelnden und ihren Aktionen erfüllt. Zu ihm gehören auch Institutionen. Diese tragen den politischen Raum, neigen jedoch dazu – da stimmt Arendt durchaus in den Skeptizismus Max Webers ein –, janusköpfig zu agieren. Einerseits geben sie dem Handeln eine Form, stützen sie den politischen Raum, andererseits bremsen sie alles Neue ab, blockieren Spontaneität und legen das spontane Handeln lahm (etwa in der Einbindung des Handelns in rechtliche Verfahrensprozeduren).

In diesem öffentlichen Raum entsteht nun zwischen den Handelnden das, was Arendt „das Politische" nennt.

In ihren nachgelassenen Fragmenten, die unter dem Titel *Was ist Politik?* postum erschienen sind, heißt es dazu:

„Die Philosophie hat zwei gute Gründe, niemals auch nur den Ort zu finden, an dem Politik entsteht. Der erste ist: ... Zoon politikon; als ob es *im* Menschen etwas Politisches gäbe, das zu seiner Essenz gehöre. Dies gerade stimmt nicht; der Mensch ist a-politisch. Politik entsteht in dem *Zwischen-den*-Menschen, also durchaus *außerhalb des* Menschen. Es gibt daher keine eigentlich politische Substanz. Politik entsteht im Zwischen und etabliert sich als Bezug" (WP 11).

Als zweiten Grund für die Unmöglichkeit, „den Ort zu finden, an dem Politik entsteht", führt Arendt die im Christentum wurzelnde Vorstellung vom Menschen als dem Ebenbild Gottes an, die die Konnotationen Einsamkeit und Individualismus mit sich führt. (Arendt spricht hier von dem „im Ebenbild der Einsamkeit Gottes erschaffene[n] Mensch[en]".) In diesem Kontext bezieht sich der Mensch als einzelner nur auf Gott, nicht aber auf die anderen.

Und wenn er sich auf andere bezieht (wie in der Bergpredigt), dann auf eine Gemeinsamkeit gegenüber Gott. Ein politischer Raum des „Zwischen" kann so gar nicht erst entstehen.

In Arendts Sicht wird das Verständnis des Politischen seit dem 16. Jahrhundert von substanz- und subjektorientierten Denkweisen überlagert, die das „Zwischen", die menschliche Pluralität, weitgehend ausklammern. Unter diesen Bedingungen wird die Gründung von solchen politischen Gemeinwesen verhindert, die auf dem gemeinsamen Zusammenhandeln beruhen. Das moderne, christlich geprägte Denken neigt eher zu einem hierarchischen Verständnis des politischen Handelns, das dem der griechischen polis und der römischen civitas quasi entgegengesetzt ist.

Viele Protagonisten des Nationalstaats seit dem 17. Jahrhundert, von Jean Bodin über Thomas Hobbes bis hin zu Max Weber argumentieren zudem mit einer dualistischen Vorstellung von Politik, als sei diese den Interessen der Gesellschaftsmitglieder entgegengesetzt (wenngleich in einem übergeordneten Gesamtinteresse liegend). In dieser Vorstellungswelt ist Politik das an die zentrale Gewalt gebundene Macht-Monopol, das die Interessen der Gesellschaft nach außen, aber auch gegenüber jedem einzelnen Menschen und jeder einzelnen Gruppe im Namen des Gemeinwohls und mit Hilfe der Gesetze zu vertreten hat. Zugleich ist die Vorstellung von professioneller Politik mit dem Konzept des Machens und Organisierens verbunden.

Das politische Gemeinwesen ist in diesem Verständnis gleichzeitig Ergebnis eines Abstraktions- und eines Individualisierungsprozesses. Der Staat ist eine Abstraktion von der privaten Sphäre der Gesellschaft. Die Gesellschaft ist die Sphäre der „chaotischen Mannigfaltigkeit" (Hegel), in der die individuellen und Gruppen-Interessen einander entgegenstehen und von einer zentralen Gewalt gebändigt und harmonisiert werden müssen.

In Arendts Perspektive hat die Aufteilung der politischen Sphäre in Gesellschaft und Staat eine Ent-Politisierung der modernen Gesellschaften bewirkt. Dabei hat die moderne Massengesellschaft soviel damit zu tun, ihre sozialen Bedürfnisse zu organisieren, daß aus ihr kaum ein Bedürfnis nach einem öffentlichen Raum entstehen kann.

Was mit diesem öffentlichen Raum gemeint ist, schildert Arendt in einer Art Gleichnis:

„Der öffentliche Raum wie die uns gemeinsame Welt versammelt Menschen und verhindert gleichzeitig, daß sie gleichsam über- und ineinanderfallen. Was die Verhältnisse in einer Massengesellschaft für alle Beteiligten so schwer erträglich macht, liegt nicht eigentlich, jedenfalls nicht primär, in der Massenhaftigkeit selbst; es handelt sich vielmehr darum, daß in ihr die Welt die Kraft verloren hat, zu versammeln, das heißt zu trennen und zu verbinden. Diese Situation ähnelt in ihrer Unheimlichkeit einer spiritistischen Séance, bei der eine um einen Tisch versammelte Anzahl von Menschen plötzlich durch irgendeinen magischen Trick den Tisch aus ihrer Mitte verschwinden sieht, sodaß nun zwei sich gegenüber sitzende Personen durch nichts mehr getrennt, aber auch durch nichts Greifbares mehr verbunden sind" (Va 52).

Das Verschwinden des öffentlichen Raumes hat die Bürger ohnmächtig werden lassen und zu ihrer – im wörtlichen Sinne – Verantwortungslosigkeit und Vereinsamung beigetragen.

Wie andere Denker vor ihr wendet sich Arendt im Angesicht des Traditionsbruchs den alten Quellen zu, den überlieferten Dokumenten der griechischen und römischen Antike. In ihnen legt sie eine der Moderne verlorengegangene Dimension des politischen Zusammenseins der Menschen frei: die Herausbildung politischer Macht.

Wie ihre Formulierung: „Politik entsteht im Zwischen und etabliert sich als Bezug" andeutet, will Arendt auf die Möglichkeit einer Öffnung des Gesellschaftlichen für das politische „Zwischen" hinweisen.

Als „politisch" versteht sie das Netz von willentlichen und kontingenten Bezügen von Menschen aufeinander, die beim Handeln entstehen und auf etwas gemeinsames Drittes orientiert sind. Man kann es auch umgekehrt formulieren: Alle Beziehungen, die

Menschen miteinander eingehen – ob bewußt oder zufällig – um ihrer verschiedenen und gemeinsamen Interessen an einem Gemeinwesen willen, das ihr eigenes Leben überdauert, sind politisch. Alle Beziehungen, die sie um ihrer legitimen privaten Interessen willen eingehen, sind nicht politisch. Die am Gemeinwesen orientierten Beziehungen aber nennt Arendt die politische Macht einer Gesellschaft.

Im Hintergrund steht die Vorstellung von einer Gesellschaft der republikanischen Bürger, die sich des Sinnes ihres Zusammenlebens darin vergewissert, daß sie ihm im öffentlichen Räsonnieren und Handeln Ausdruck verleiht.

Das Zusammenschließen von Bürgerinnen und Bürgern, die über die Durchsetzung ihrer Interessen hinaus eine politische Sphäre begründen und darin zu einer Gemeinsamkeit des Sprechens und Handelns finden können: Dies sind zwei Elemente, die konstitutiv für das Arendtsche Verstehen von politischer Macht sind – im Unterschied zu Macht als Verfügungsgewalt. Macht ist also nicht etwas, was man „macht". Nicht zufällig verweist Arendt auf die etymologischen Wurzeln des Wortes, das sich von „möglich", aber nicht von „machen" ableitet.

„Macht ist, was den öffentlichen Bereich, den potentiellen Erscheinungsraum zwischen Handelnden und Sprechenden überhaupt ins Dasein ruft und am Dasein erhält ... Macht ist immer ein Machtpotential, und nicht etwas Unveränderliches, Meßbares, Verläßliches wie Kraft oder Stärke ... Macht ... besitzt eigentlich niemand, sie entsteht zwischen Menschen, wenn sie zusammen handeln, und sie verschwindet, sobald sie sich wieder zerstreuen" (Va 194).

Politische Macht schaffen, bedeutet, den politischen Raum der Jetzt-Zeit zu öffnen; dieser Akt ist nicht gleichbedeutend mit dem Beginn eines linearen Prozesses der Machtaufhäufung oder der Festigung einer Verfügungsgewalt. Damit wird Macht zu einem Vermögen, aber nicht eigentlich zu einer Institution.

Hier wird deutlich, daß Arendt mit „politisch" oder Politik jene geschichtlichen Ereignisse, jene Koinzidenzen anspricht, in denen, scheinbar zufällig, der „Lauf der Geschichte" unterbrochen wird und etwas Neues erscheint. Wie zum Beispiel beim ungarischen Volksaufstand von 1956, in dem „das Volk" sich gegen seine Unterdrücker erhob und politische Freiheit forderte, sich selbst in Räten organisierte und so neue Möglichkeiten der politischen Selbstorganisation am Horizont erscheinen ließ, die den normalen Lauf der Dinge unterbrachen. Selbstverständlich können solche Ereignisse auch in sich zusammenbrechen; niemand kann für den Erfolg garantieren. Doch die Neuartigkeit des Anfangens wird von der Niederlage nicht berührt.

Ein anders, neueres Beispiel wären für Arendt sicherlich die Ereignisse von 1989 gewesen, als, von der Wissenschaft und der Politik nicht vorausgesehen, das kommunistische Reich zusammenbrach und damit die Aufteilung der Welt in Lager verschwand. Ob allerdings aus diesen Ereignissen wirklich etwas dauerhaft Neues entstanden ist, darüber streitet man sich bis heute.

Im Unterschied zu dem das moderne Denken tragenden Fortschrittsparadigma, das mit der Unendlichkeit des der Zukunft zur Verfügung stehenden Raumes rechnet, zielt Arendts Denken auf die Ausgestaltung des Raumes der Jetztzeit, der durch die natürlichen Zufälle von Geburt und Tod begrenzt ist. Die in diesem Raum geknüpften Beziehungen, aus denen öffentliches Denken und Handeln hervorgehen, begründen die politische Dimension eines Gemeinwesens.

Es wäre irreführend, die politische Macht eines Gemeinwesens nun an eine institutionelle horizontale Verteilung der Macht anbinden zu wollen, etwa in Form der Partizipation. Auch der in Volksbewegungen immer wieder präsente Ruf: „Die Macht gehört dem Volke" ist nach Arendts Meinung irreführend. Denn Macht gehört niemandem. Sie entsteht in einzigartigen Situationen und kann wieder vergehen. Sie fließt in Institutionen ein; diese können sie aber auch zum Verschwinden bringen. Daher ist Macht ebensowenig eine feste Substanz wie Politik.

Was hat dieses Denken mit dem, was wir unter Politik verstehen, zu tun? Wenig und viel. Wenig, wenn man davon ausgeht, daß Politik die Umsetzung von Zielvorstellungen über notwendige Maßnahmen ist – und viel, wenn wir gewahr werden, daß „das Politische" eine Art Sinnstiftung des menschlichen Zusammenlebens ist, sei es in Form einer Rückbindung an den Gründungsakt des Gemeinwesens, sei es in Form plötzlich aufbrechender Möglichkeiten zur Gestaltung dieses Zusammenlebens. Dies ist freilich ein anderes Politikverständnis als das in der Moderne übliche.

Daher ist Arendts Begriff des Politischen auch nicht ohne weiteres auf das zu übertragen, was heute unter Politik verstanden wird. Er läßt jedoch zweierlei erkennen: Zum einen kann man mit seiner Hilfe außergewöhnliche Ereignisse verstehen, wie zum Beispiel die Revolutionen von 1988/89, in denen plötzlich ein ganzer politischer Block in sich zusammenbrach und „die Völker" für einen geschichtlichen Moment die politische Macht übernahmen, um sie dann an die Institutionen der neu entstehenden Demokratien abzugeben. Zum anderen kann man im Medium des Arendtschen Begriffs des Politischen verstehen, wo die politischen Momente im Tagesgeschäft des mit seiner Verwaltung beschäftigten Sozialstaats überhaupt erscheinen.

Das Schwierige und für den modernen Politikdiskurs so schwer Verständliche an den Begriffen „Politik" und „das Politische" bei Arendt ist jedoch, daß in ihnen einerseits die Ereignishaftigkeit und das Zusammenhandeln, die ein Versprechen auf eine offene Zukunft enthalten, erscheinen, daß aber andererseits das Zufällige, das die moderne Politik doch zum Verschwinden bringen möchte, als essentiell gilt. Aus der Distanz betrachtet wird hier auch deutlich, in welchem Maße das moderne Verständnis von Politik von der „Herstellung" von Sicherheit dominiert wird.

Eine weitere Schwierigkeit liegt darin, daß die Etablierung rechtlicher Verfahrensweisen zwischen Individuen, Gruppen, Gesellschaften und Staaten – eine Vorstellung, die immer mehr ins Zentrum der Politik rückt, man denke nur an die Debatten über Menschenrechte im Zeitalter der Globalisierung – ganz aus Arendts Konzept des Politischen herausfällt, ein Aspekt, auf den der französische Philosoph Claude Lefort kritisch hinweist.

So steht man vor dem Problem, daß Arendts Begriff des Politischen einerseits kein systematischer Begriff ist, weil in ihm das Zufällige eine große Rolle spielt, andererseits aber Sinnstiftung nur aus dem Sichtbarwerden des Politischen heraus möglich ist.

Diesem Dilemma begegnend, könnte man das Politische bei Arendt folgendermaßen fassen:

Es zeigt sich in dem vielstimmigen, konflikthaften Zusammenwirken einer Pluralität von verschiedenartigen Menschen, die entweder einen gründenden Akt (etwa eine Republik) zustande bringen oder in ihrem Handeln einen Rückbezug auf den Gründungsakt herstellen oder in ein Ereignis eingreifen.

Es beinhaltet fernerhin die Transformation von zufälligen Ereignissen in sinnstiftende Versprechen, die sich auf das Gemeinwesen beziehen.

Damit ist freilich auch zum Ausdruck gebracht, daß das Politische in dem, was wir Politik nennen, nur in gewissen unvorhersehbaren Momenten überhaupt erscheint. Im Alltag der staatlichen Organisierung des sozialen Zusammenlebens wird es in der Regel nicht sichtbar. Gleichwohl ist es präsent, da nur aus ihm – und nicht aus der Reproduktion der Institutionen und Verfahrensweisen – Sinnstiftung entsteht.

Im Kontext der modernen Politikwissenschaft wie auch des öffentlichen Diskurses über Politik scheint Arendts Begriff des Politischen ein reiner Circulus vitiosus zu sein. Er widerspricht so gänzlich unserer Vorstellung, nach der Politik mit der Herstellung von Regelungszusammenhängen beschäftigt ist. Sein widerspenstiges Moment trägt jedoch auch dazu bei, Möglichkeiten und Defizite politischen Denkens und Handelns immer wieder sichtbar zu machen.

Kapitel XI
Eine der Welt und den Menschen verpflichtete Ethik

Zeit ihres Lebens wurde Hannah Arendt nicht müde zu erklären, daß die politische Ordnung nicht mit einer moralischen Ordnung gleichzusetzen sei. Gute „citizens" müssen nicht gleichzeitig gute Menschen sein, führt sie immer wieder, darin Kant folgend, aus. Gleichwohl gilt Hannah Arendt weithin als eine normative Denkerin. Darunter wird verstanden, daß sie, geprägt von der Erfahrung der grausamen Verbrechen des Nationalsozialismus (vom Stalinismus wird in der Regel geschwiegen), eine, wenngleich unvollendete, Theorie des „richtigen Handelns" bzw. der „guten Politik" aufgestellt habe.

Diesem Urteil hätte sie entschieden widersprochen, und es läßt sich auch anhand ihrer Werke nicht verifizieren. Richtig ist jedoch, daß Arendt den Nationalsozialismus und den sowjetischen Kommunismus in der ersten Hälfte des 20. Jahrhunderts als radikale und dauerhafte Herausforderungen für das politische Denken annimmt. Schon in ihren frühen Aufsätzen Mitte der vierziger Jahre – nach Bekanntwerden der nationalsozialistischen Vernichtungslager und in Kenntnis der Massenmorde unter Stalin – reflektiert sie nüchtern, wie wenig die überlieferten sozialwissenschaftlichen Methoden (der phänomenologischen Beschreibung, der logischen Ableitung, des analogischen Denkens) dazu geeignet seien, das Neue an dem nationalsozialistischen bzw. stalinistischen Herrschaftstypus zu erfassen.

Auf das Entsetzen darüber, daß die Abschaffung des Menschen durch den Menschen inmitten von hochentwickelten Kulturen möglich ist, reagiert Arendt jedoch nicht mit dem Ruf nach einer Rückkehr zu ethischen Maßstäben des Handelns. Auch vertraut sie nicht auf die Wiederbelebung der christlichen Glaubenstradition oder der aufklärerischen Vernunft. Auf die Verinnerlichung von Werten über die Sanktionsinstrumente der Sünde, des schlechten Gewissens oder der Vernunftkritik zu setzen, scheint ihr müßig, denn der daraus abgeleitete Wertekanon sei im System der totalen Herrschaft manipulierbar. So hat Hitler Moral mit der nationalsozialistischen Weltanschauung gleichgesetzt. Unter Stalin wurde die herrschende Parteimeinung als höchste Vernunft ausgegeben. Der Ort, an dem Orientierungen für menschliches Handeln entstehen, wäre also woanders zu suchen.

Hannah Arendt stellt weder eine Theorie des „richtigen Handelns" auf, noch bildet sie eine – womöglich hierarchische – Ordnung fundamentaler Werte. Sie mißt politisches Denken und Handeln nicht an Maximen. Dies wird nicht zuletzt deutlich, wenn sie die Grundbegriffe des Denkens systematisch hinterfragt. So dekonstruiert sie noch die Begrifflichkeit von Moral und Ethik, indem sie ihre etymologischen Wurzeln freilegt. Und siehe da: Hinter beiden Begriffen verbirgt sich ein Bedeutungshorizont, der dem tradierten Verständnis von Moral und Ethik entgegensteht. In ihrem letzten, unvollendet gebliebenen Werk *Vom Leben des Geistes* schreibt sie in einem harmlos auftretenden Parenthese-Satz:

„(Daß gewöhnlich Fragen von Gut und Böse in Vorlesungen über ‚Moral' oder ‚Ethik' behandelt werden, das zeigt wohl, wie wenig wir über sie wissen. Denn das Wort ‚Moral' kommt von ‚mores' und ‚Ethik' kommt von ‚ethos', dem lateinischen bzw. griechischen Wort für Sitte und Gewohnheit, wobei das lateinische Wort an Verhaltensregeln denken läßt, während das griechische von dem Wort für Heimat abgeleitet ist, ähnlich wie das englische ‚habit'.)" (LG 15).

In diesem in Klammern gefügten Satz verbirgt sich einerseits Arendts Kritik an einem Denken, das sein eigenes Instrumentarium unkritisch verwendet. Andererseits benennt sie hier quasi in nuce ihr „ethisches Programm". Es handelt sich aus ihrer Perspektive beim Handeln darum, gegenseitige Beziehungen zu etablieren;

dies ist nur möglich, wenn man einen Bezug zu dem herstellt, was man die den Menschen gemeinsame Welt nennen kann.

Genau dieser Bezug ist in der Zeit, die der Etablierung der totalen Herrschaft vorausging, verlorengegangen, wie sie in *Elemente und Ursprünge totaler Herrschaft* aus verschiedenen Blickwinkeln immer wieder erläutert. Dieser Umstand läßt es auch so problematisch erscheinen, nach der Katastrophe zu moralischem Handeln im traditionellen Sinne zurückzukehren. Wo Menschen zu Material degradiert wurden, da steht nach Arendts Meinung nicht einfach die Wiederherstellung von verletzten Regeln an. Diese wurden im übrigen gar nicht explizit außer Kraft gesetzt bzw. können beliebig manipuliert werden. Sehr wohl wäre aber nachzudenken über die Beschaffenheit einer Welt, aus der diese Geschehnisse hervorgingen und die nach der Katastrophe eben nicht untergeht, sondern weiterexistiert.

Nur vor diesem Hintergrund ist zu verstehen, warum Arendt dem Phänomen der Lüge in der Politik so breiten Raum widmet. Schon in *Elemente und Ursprünge totaler Herrschaft* hatte sie darauf verwiesen, daß die „Etablierung einer den Tatsachen entgegengesetzten, ganz und gar fiktiven Welt" (EuU 572) konstitutiv für die Aufrechterhaltung der totalen Herrschaft sei. Das Bestürzende sei nun, daß die Strategie, eine fiktive Welt zu errichten, nicht auf die totale Herrschaft beschränkt sei, sondern offensichtlich auch in modernen demokratischen Massengesellschaften möglich sei. „Organisiertes öffentliches Lügen" nennt Arendt dies (WuL 50). Die systematische Irreführung der amerikanischen Öffentlichkeit über die amerikanischen Militäroperationen in Südostasien in Zusammenhang mit dem Vietnam-Krieg zu Ende der sechziger Jahre ist für Arendt ein solcher Fall.

Die moderne Lüge sei über den Verdacht der offensichtlichen Lüge erhaben, weil sie sich nicht mehr auf einzelne Handlungen beziehe, sondern – ähnlich wie unter der totalen Herrschaft – beabsichtige, eine andere Realität zu schaffen. In aller Öffentlichkeit werde etwas als real behauptet, von dem alle wissen können, daß es nicht den Tatsachen entspricht. Es wird eine „Gegen-Wahrheit" (Jacques Derrida) in Umlauf gesetzt, aus der ein Gegen-Weltbild entsteht. Sein Zweck ist es, die Öffentlichkeit irrezuführen. Dabei wird in Kauf genommen, ja dies ist geradezu die Voraussetzung für die Existenz der „Gegen-Wahrheit", daß das Empfinden für Recht und Unrecht verwischt wird. Der Zweck der „Gegen-Wahrheit" besteht darin, die Bürger in die Irre zu führen. Diese sollen sich nicht mehr in der Lage sehen, selbständig zu urteilen. Mehr noch: Sie sollen ihr Vertrauen, das sie bei der Wahl an ihre Repräsentanten delegiert haben, damit sie die Exekutive kontrollieren, noch auf die Exekutive selbst und auf anonyme Fachleute ausdehnen.

Das Pendant des Getäuschtwerdens ist die „innere Selbsttäuschung" der Lügner; sie geben das für wahr aus, von dem sie wissen, daß es eine Täuschung ist. Die Lügner wissen, daß sie lügen; sie stellen sich jedoch so dar, als glaubten sie daran, daß die Lüge eine neue Wahrheit sei. Die Selbst-Täuschung kann auch auf unbewußten Vorgängen beruhen, also etwa auf Wunschvorstellungen, die sich in Wunschrealitäten verwandeln und den Lügner dann als jemanden erscheinen lassen, der in gutem Glauben gehandelt hat.

Dieser Typus von „organisiertem öffentlichem Lügen" wird von Arendt als zerstörerisch qualifiziert, und zwar nicht nur, weil solche Lügen das Vertrauen in das politische System beschädigen, sondern weil sie die Grundlagen des Gemeinwesens selbst angreifen: die Urteils- und Handlungsfähigkeit seiner Bürger. Deren Urteile und ihr Rechtsempfinden erscheinen nämlich plötzlich als bloße Meinungen, die gegen andere stehen, die womöglich noch schlüssiger seien.

Das Reden über Lüge in der Politik impliziert immer auch die Frage danach, woran sich Handeln im politischen Raum orientieren könne. So provoziert es auch die Frage nach der Wahrheit im politischen Handeln. Hier wäre der logische Ort, an dem Arendt über wahre Politik und über die Tugenden des Politikers sprechen könnte. Statt dessen enttäuscht sie mögliche Erwartungen ihrer

Leser. Das Kriterium für Wahrheit liege nämlich nicht in der Politik, sondern zwischen den handelnden Menschen selber, in der Pluralität des öffentlichen Raums. In einem Artikel mit dem Titel *Wahrheit und Politik* für die Zeitschrift *The New Yorker* argumentiert sie nicht etwa, daß anstelle der Lüge die Wahrheit in die Politik einziehen müsse. Wahrheit sei gerade nicht das Normale im politischen Raum:

„Politisches Denken und Urteilen bewegt sich zwischen der Gefahr, Tatsächliches für notwendig und daher für unabänderbar zu halten, und der anderen (Gefahr), es zu leugnen und zu versuchen, es aus der Welt zu lügen" (WuL 85).

Außerdem könne konzentrierte Macht die Wahrheit jederzeit unterdrücken. Und doch gebe es eine Wahrheit, die nicht hintergehbar sei: die persönliche Wahrhaftigkeit.

Doch hier ist vor einem Mißverständnis zu warnen: Es geht in diesem Kontext nicht um ein Hervorheben persönlicher Wahrhaftigkeit im Sinne moralischen Verhaltens. Politik besteht nicht in der Ausübung von Wahrheit, sondern in dem Öffnen von neuen Handlungsräumen. Wahrhaftigkeit meint hier also eher: mit seiner ganzen Person, unverstellt, vor die Öffentlichkeit treten.

Im Unterschied zu vielen, die aus der Shoa die Schlußfolgerung ziehen, nun müßte Moral zur Grundlage der Politik werden, geht Arendt nicht davon aus, daß gute Politik nach moralischen Grundsätzen verfahre und von guten Menschen ins Werk gesetzt werde. Die Grundbedingungen politischen Zusammenlebens müßten getrennt werden von der moralischen Qualität der Individuen. Zudem hat die Moderne aus ihrer Sicht ohnehin mit der Erfahrung zu leben, daß sie fähig ist, die Kulturen und Regelwerke, die sie schafft, selbst zu zerstören.

In der humanistischen Tradition von Machiavelli, Locke und Montesquieu, in der auch Arendt steht, ist der Mensch sowohl gut als auch böse. Nach der Erfahrung der totalen Herrschaft, die selbst dieses realistische Menschenideal ad absurdum führte, ist jedoch erneut zu fragen: Wie ist menschliches Handeln nach der existentiellen Erfahrung der Zerstörung und Selbstzerstörung möglich?

Arendts Hauptwerk *Elemente und Ursprünge totaler Herrschaft* endet mit dem Verweis auf einen – von Augustinus formulierten – existentiellen Fixpunkt, der für die totale Herrschaft unerreichbar ist: die Tatsache, daß Menschen geboren werden.

„Dieser Anfang ist immer und überall da und bereit. Seine Kontinuität kann nicht unterbrochen werden, denn sie ist garantiert durch die Geburt eines jeden Menschen" (EuU 730).

Die Grundvoraussetzung für das menschliche Handeln ist also da, sie gehört zu den unzerstörbaren Bedingungen menschlichen Daseins. Die Frage ist nun, wie diese existentielle Bedingtheit in politisches Handeln überführt werden kann.

Es ist aufschlußreich, daß sich Hannah Arendt in diesem Zusammenhang immer wieder auf Immanuel Kant bezieht. In der Ergründung, wie politisches Zusammenleben von Menschen möglich sei, legt Kant sein Augenmerk auf die Spannung zwischen dem Eigennutz jedes einzelnen und den Geboten der bürgerlichen Gesellschaft, in der er sich bewegt. So beharrt er in einem Text von 1797 darauf, daß die Maxime des Kategorischen Imperativs – handle so, als könne die Maxime deines Handelns zum Leitfaden des Handelns aller werden – nicht suspendierbar sei (ÜvR 637 ff.). Unter allen Umständen – auch gegenüber einem Mörder – müsse man wahrhaftig sein, andernfalls beginge man einen Rechtsbruch. Wer das Recht willentlich breche, stelle dessen allgemeine Gültigkeit in Frage und mache somit, konsequent zu Ende gedacht, gesellschaftliches Zusammenleben unmöglich. Kants Urteil ist eine Absage an das, was man „funktionale Lüge" nennt. Die Lüge müsse nicht einem anderen schaden, um illegitim zu sein; gerade wenn sie jemandem nutzen wolle, könne sie doch der Allgemeinheit schaden. In seinem Denken darf die Zwecklüge nicht die Maxime brechen, daß jeder zur Wahrhaftigkeit verpflichtet ist. Das Vertrauen auf die Wahrhaftigkeit des einzelnen ist in Kants Philosophie das Band zwischen Menschen, das niemand anrühren darf. Andernfalls sei dem Lügen kein Einhalt zu gebieten. Nun war sich Kant sehr wohl bewußt, daß Lügen zum menschlichen Leben gehört und daß Wahrhaftigkeit keine Seinsbestimmung des Menschen ist, sondern eine Handlungsmaxime, also etwas, wonach ich strebe – und wonach ich im Konfliktfall beurteilt werde, was ich aber keineswegs immer einhalte. Der unzweifelhaften Existenz der Lüge sei aber dennoch, darauf beharrt Kant in diesem Text, nur durch das Festhalten an der Maxime der unbedingten persönlichen Wahrhaftigkeit zu begegnen. Nach dieser Maxime beurteile jeder die Taten der anderen und beurteilen andere seine Handlungen.

Nicht die Tatsache, daß Menschen eigennützig und böse sind, beschäftigt Kant, sondern die Frage, wie der persönliche Eigennutz so gebändigt werden kann, daß er die Allgemeinheit nicht schädigt. Eine Republik könne auch aus lauter Teufeln bestehen. Nur dann, wenn Bürger auf den Eigennutz von Teufeln regredierten, sei die gemeinsame Welt in großer Gefahr.

„Das Problem der Staatserrichtung ist, so hart wie es auch klingt, selbst für ein Volk von Teufeln (wenn sie nur Verstand haben), auflösbar und lautet so: ‚Eine Menge von vernünftigen Wesen, die insgesamt allgemeine Gesetze für ihre Erhaltung verlangen, deren jedes aber in Geheim sich davon auszunehmen geneigt ist, so zu ordnen und ihre Verfassung einzurichten, daß, obgleich sie in ihren Privatgesinnungen einander entgegen streben, diese einander doch so aufhalten, daß in ihrem öffentlichen Verhalten der Erfolg eben derselbe ist, als ob sie keine solche böse Gesinnungen hätten'" (ZeF 224).

Kant möchte die bürgerliche Gesellschaft in einen Zustand versetzen, in dem auch der Teufel Mensch nicht wollen kann, daß seine eigennützigen Absichten zum allgemeinen Gesetz des Handelns würden, denn dann würde er gewärtigen müssen, das Nachsehen zu haben, wenn andere ihn übervorteilen. Er habe also durchaus ein Interesse an der Aufrechterhaltung der Regeln. Die Conditio sine qua non dieser Konstruktion ist freilich, daß alle Teufel vernunftbegabt sind, das heißt, daß alle in der Lage sind, von sich zu abstrahieren.

Kant folgend sieht Arendt das Problem darin, „wie man den Menschen zwingen (sic! – AG) kann, ‚ein guter Bürger zu sein', selbst wenn er nicht ein ‚moralisch-guter Mensch' ist, und daß nicht von der Moralität ‚die gute Staatsverfassung, sondern vielmehr umgekehrt, von der letzteren allererst die gute moralische Bildung eines Volkes zu erwarten ist'" (DU 29).

Es geht also zum einen um die Pflege und Erhaltung der politischen Verfassung der Gesellschaft und zum zweiten um die Verhaltensregeln und die Sitten, die diesen Bau stützen und zugleich zwischen dem Eigennutz der Individuen und dem Interesse der Bürger an der Aufrechterhaltung des Gemeinwesens vermitteln.

Es ist kein Zufall, daß Arendt auf die Kantische Spannung zwischen dem privaten Individuum und dem öffentlichen Bürger zurückgreift, als sie der Frage nachgeht, wie denn ein Neuanfang nach dem Zusammenbruch aller Traditionen unter der totalen Herrschaft zu denken sei.

Zu dieser Frage öffnet sie zwei Zugänge:

Die Verantwortung für das persönliche Handeln könne zu keiner Zeit suspendiert werden. Die Fähigkeit des Menschen, auch unter extremsten Bedingungen zu erkennen, was gut und böse ist, bleibe anzunehmen. Und damit bestehe auch seine Verantwortlichkeit für sein Tun. Deshalb müssen sowohl die Massenmörder zur Rechenschaft gezogen werden wie auch die öffentlichen Lügner in den nationalen Sicherheitsbüros. Denn ihre fiktiven Wirklichkeitskonstruktionen, ihre „Gegen-Wahrheiten" untergrüben die Fähigkeit des Bürgers zu urteilen und zu handeln. Diese Fähigkeit aber sei die Grundlage jedes politischen Gemeinwesens.

Die Schwierigkeit besteht nun darin, daß die Trennung zwischen der öffentlichen und der privaten Sphäre, wie sie noch Kant als selbstverständlich annehmen konnte, in der Moderne mehr und mehr verwischt wird, und zwar in einem doppelten Sinn: Sie ist durch die totale Herrschaft gezielt zerstört worden, wie sie auch durch das Überhandnehmen der Sphäre der sozialen Interessen und Nöte in der modernen Gesellschaft bedroht ist. Und dennoch könne eine gemeinsame Welt nur in der Stiftung eines öffentlichen Raums entstehen, denn wenn es nur noch die private Sphäre gäbe – in der der Kantische Eigennutz herrscht –, wären die Individuen nicht mehr in der Lage, sich zum Wohle des Gemeinwesens miteinander in Beziehung zu setzen.

Der zweite Zugang zur Frage nach der Ausgestaltung des Neuanfangs knüpft an dieses Problem an:

Politisches Handeln ist nur möglich in einem öffentlichen Raum. Dieser begründet die gemeinsame Mit-Welt, in der Menschen handelnd einander begegnen. Die Bürger haben sich darum zu sorgen, wie jene öffentliche Sphäre gestiftet und geschützt werden kann, in der öffentliches Denken und Handeln stattfindet. Hier trennt sich Arendts Weg von dem Kants. Das Gemeinwesen ist für sie nicht jener befestigte Ort als Totalität – die Stadt, die Polis, der Staat –, an dem noch Kant wie selbstverständlich festhalten konnte, sondern ein unabschließbarer Prozeß des Handelns in einem immer wieder neu zu bestimmenden Raum. Die Sorge der Bürger entsteht aus einem gemeinsamen Interesse an der Welt, der sie angehören und die ihnen immer wieder neues Leben schenkt.

Arendt hält die Erneuerung des öffentlichen Raums – der gemeinsamen Welt – für die einzige Möglichkeit, den (selbst)zerstörerischen Potenzen innerhalb der Moderne zu wehren. Sich dem Bösen in der Welt entgegenzustellen – das ist die Konsequenz aus dem Faktum der totalen Herrschaft –, ist nur möglich, wenn Menschen ihre Mit-Welt bewohnbar machen und diese Bewohnbarkeit ständig erneuern. Dies kann allerdings nur in dem Maße gelingen, wie sich Bürger darauf verständigen, daß der Zweck ihres Handelns die Stiftung der Freiheit ist.

Arendt spricht also sehr wohl eine Ethik des Handelns an, aber nicht aus einer normativen Perspektive.

Kapitel XII
Denken ohne Geländer

Politische Theorien haben ihre Zeit. Im besten Falle sind sie Erkenntnisse, die ihrer Zeit zum Selbst-Verstehen helfen. Es gibt jedoch Denkansätze, die über ihre Zeit weit hinausreichen, gleichsam zeitlos sind. Aristoteles' Erkenntnisse über die spezifisch menschliche Fähigkeit zur Freiheit, Montesquieus Erkenntnisse über die Möglichkeiten der politischen Machtteilung, Tocquevilles Einsichten in die Schwächen der modernen Demokratie, Max Webers schonungslose Analyse der widerstrebenden Kräfte in den modernen Gesellschaften – sie reichen weit in das Selbstverständnis der gegenwärtigen Zeit hinein.

Stellt man an Arendts Werk die Frage: Was bleibt?, so fallen einige Antworten nicht schwer: Es liegt keine Lehre vor, kein System. Es wird keine Weltanschauung vermittelt und keine Utopie verkündet. Schaut man genauer hin, so bemerkt man, daß ihre dezidierte Absage an jede Tradition und jedes System des Denkens geradezu Methode hat. In der radikalen Absage liegen programmatische Prinzipien ihres Denkens begründet.

In dem mehrfach erwähnten Gespräch mit Freunden und Kollegen in Toronto 1972 antwortet sie auf die Frage nach der Selbstverortung ihres Denkens mit einer Metapher „[W]enn Sie Treppen hinauf- oder hinuntersteigen, dann gibt es immer das Geländer, so daß Sie nicht fallen. Dieses Geländer ist uns jedoch abhanden gekommen. So verständige ich mich mit mir selbst. Und ‚Denken ohne Geländer', das ist es in der Tat, was ich zu tun versuche" (IwV 110).

Was Arendt in dieser Metapher des „Denkens ohne Geländer" offenbar mitteilen möchte, besteht in folgendem: Nach einem derartigen Einbruch der Tradition wie unter der totalen Herrschaft kann man sich als denkender Mensch nicht mehr auf vorhandene Traditionen stützen. Denn die grundlegende Erfahrung der totalen Herrschaft besteht darin, daß Traditionen, Konventionen, Sitten und Gebräuche, also das ganze moralische Gefüge eines Gemeinwesens, manipuliert werden können oder sich selbst zerstören. Das einzige, was Arendts Meinung nach bleibt, ist die eigene Fähigkeit zum Urteilen, zum Denken und zum Handeln. Die Menschen sind auf sich gestellt. Sie sind auf ihre Fähigkeiten angewiesen, den Zugang zur Welt immer wieder neu zu begründen. Das Risiko des „Fallens" ist jedoch immer gegeben, denn es gibt kein „Geländer", an dem man sich festhalten kann.

Diese Konsequenz findet sich schon in Arendts früheren Aufsätzen aus den vierziger Jahren, in denen sie über die Folgen des Totalitarismus für das politische Denken reflektiert. Die Erfahrung der totalen Herrschaft verhindert ihrer Meinung nach für immer, daß man sich auf gemachten Wegen sicher fühlen könne.

Die Metapher des „Denken[s] ohne Geländer" spricht auch den Umgang mit der im engeren Sinne philosophischen Tradition des Denkens an. Auch hier ist Arendt der Meinung, daß das Geländer des Denkens weggebrochen ist: die Metaphysik also, der Idealismus ebenso wie der Materialismus, der Normativismus ebenso wie der Positivismus, der Marxismus ebenso wie der Szientismus.

Am 12. März 1970 schreibt sie an Martin Heidegger:

„Immer wieder lese ich *Zur Sache des Denkens,* vor allem den Abschnitt von dem ‚Ende der Philosophie und der Aufgabe des Denkens'. Natürlich ist dies auch das Ende des Positivismus und der vielen neo-positivistischen Versuche. Ich bin schon seit vielen Jahren der Meinung – seit ich die *Einführung in die Metaphysik* las – daß Du mit dem Zu-Ende-Denken der Metaphysik und der Philosophie nun wirklich Raum gemacht hast für das Denken – ohne Geländer, vermutlich auch ohne Spekulation, aber in Freiheit" (AH 198).

In *Zur Sache des Denkens* hatte Heidegger, die frühen Vorlesungen wieder aufnehmend, das Denken erneut an jene Grenze geführt, an der die Metaphysik endet. Seine Fragebewegungen zogen die metaphysischen Selbstvergewisserungen des Denkens, also das Auffinden von unhinterfragbaren „Denktatsachen" wie auch die post- oder anti-metaphysischen Versuche, aus den Tatsachenwahrheiten einen Ersatz für die ehemaligen metaphysischen Gewißheiten zu begründen, radikal in Zweifel. Für ihn bestand die „Aufgabe des Denkens" in der Pflege der Fähigkeit, alles vermeintlich Gegebene in Frage zu stellen.

Drei Jahre später, 1973, klingt Arendts Antwort auf die Frage nach dem Denken geradezu postmodern. In einem Fernsehgespräch mit dem französischen Intellektuellen Roger Errera antwortet sie auf seine These, ihre Wurzeln seien in den „Grundmauern liberalen Denkens beheimatet, mit Anleihen bei der Antike", mit einer geradezu provozierenden Formulierung:

„Ich bediene mich, wo ich kann. Ich nehme, was ich kann und was mir paßt. Das soll heißen, daß ich nicht länger glaube, daß wir ... Ich denke, einer der großen Vorteile unserer Zeit ist wirklich, was René Char, wie Sie wissen, gesagt hat: ‚Unserer Erbschaft ist keinerlei Testament vorausgegangen.' Das heißt, es steht uns vollkommen frei, uns aus den Töpfen der Erfahrungen und Gedanken unserer Vergangenheit zu bedienen."

Wenig später faßt sie noch einmal zusammen, worauf es ihr ankommt. Wir finden hier sozusagen eine Kurzbeschreibung ihres „Programms":

„Was allein uns wirklich helfen kann, meine ich, ist ‚réfléchir', Nachdenken. Und denken heißt stets kritisch denken. Und kritisch denken bedeutet stets dagegen sein. Alles Denken unterminiert tatsächlich, was immer es an starren Regeln, allgemeinen Überzeugungen etc. gibt" (IwV 122 f.).

Hinter der provozierenden Feststellung: „Ich nehme, was ich kann und was mir paßt", die auf den ersten Blick selbstüberheblich und so gar nicht wissenschaftlich wirkt, liegt also eine programmatische Überzeugung: Es gibt für Arendt keinen Kanon, an dem man sich orientieren kann. Was bleibt, ist die Fähigkeit zu denken, zu urteilen und zu handeln. Um dies zu tun, kann und sollte man die

Geschichte des Denkens, der Ideen und Theorien unvoreingenommen, d. h. neu lesen. Das Geschehene und das Gedachte werden dabei immer wieder in Frage gestellt. Das heißt, „die Aufgabe des Denkens" besteht in einem ununterbrochenen Einreißen mehr oder weniger befestigter Denkpfade.

Arendt spricht mit ihrer Metapher des „Denkens ohne Geländer" natürlich auch auf sein Ausgesetztsein gegenüber Zufall und Irrtum an. Statt dieses Ausgesetztsein zu bannen oder es einzuhegen, stellt Arendt es – ähnlich wie Heidegger – in das Zentrum des Denkens.

Ein weiterer Aspekt dieser Einstellung ist durchaus positiv zu verstehen: Es gibt immer und überall die Möglichkeit, einen Neuanfang zu machen, sofern die Möglichkeit zu diesem Neuanfang – der Arendt zufolge ja jedem Menschen innewohnt – wahrgenommen wird.

Eine solche Einstellung hat Folgen für die Beurteilung der Träger des Denkens, derjenigen, die das Denken zu ihrer Angelegenheit erklären. Ihre Aufgabe ist es nicht, mit Antworten aufzuwarten oder Ethiken zu begründen, Botschaften zu verkünden oder Heil zu verheißen. In einer Umkehrung jener durch die Aufklärung so beförderten Rollenzuschreibung der Intellektuellen, nach der sie die „Wächter" der Nation (Julien Benda) seien oder gar deren Erlöser (Karl Marx), erklärt Arendt die Aufgabe der Intellektuellen als die der Zertrümmerer, der großen Einreißer. Ihr Fragen reißt alle vermeintlich sicheren Gedankengerüste wieder ein. Sie haben die Rolle des „Dagegen-Seins" übernommen und halten damit den Prozeß des Nachdenkens in Gang.

In der Absage an jene traditionell den Intellektuellen zugeschriebenen Rolle, finden sich die Spuren der „Paria"-Metapher, die Arendt seit den dreißiger Jahren immer wieder aufgegriffen hatte: der Intellektuelle als „bewußter Paria" (Bernard Lazare), dessen „negative Rolle" ihn gerade als Angehörigen einer geheimen Avantgarde ausweist. Er gehört zu denen, die nicht auf der Suche nach Gewißheiten sind, sondern immer weiterdenken. Nur weil er außerhalb „der Gesellschaft" steht, kann er deren Fragilität erkennen.

Hier wird auch deutlich, daß Arendt keineswegs ihrem Lehrer und Freund Martin Heidegger auf allen Pfaden folgt. Heidegger pflegte im Grunde eine sehr traditionelle Rolleninterpretation des Intellektuellen. In seiner Sicht ist der Intellektuelle der einsame Denker, der sein Geschäft abseits des „Man", der Welt der Alltäglichkeit vollbringt. Heideggers Biographie ist selbst Beispiel für die Sackgassen und Borniertheiten, die sich aus einem derartigen Selbstverständnis ergeben können.

Sich von ihrem Lehrer absetzend, unterscheidet Arendt grundsätzlich zwischen dem „Denken" und dem „In-der-Welt-sein". Das Denken findet im Abstand von der Welt statt. Es ist im besten Sinne des Wortes An-Schauung der Welt. Das aber, was das In-der-Welt-sein begleitet, ist das Verstehen und das Urteilen. Und während dem Denken auch etwas Zerstörerisches eignet, indem es eben keinen (Denk-)Stein auf dem anderen bzw. keinen einmal gefundenen Grundsatz stehen läßt, ist das Verstehen und Urteilen etwas, das nur im – konflikthaften – pluralen Miteinander in der Welt stattfinden kann. Während das eine einsam ist, ist das andere konstitutiv mitteilsam.

In Arendts Denken ist der Mensch kein *bios theoretikos*, kein bloß denkendes Einzelwesen. Sein Dasein in der Pluralität – und damit seine Differenz – ist immer schon mitgegeben, muß also mitgedacht werden. Daher ist es Aufgabe des Denkens nicht nur, den Denkprozeß immer weiter zu treiben, sondern dieses Denken hat sich stets in Beziehung zur Welt der anderen zu setzen. Dazu freilich muß es sich in das Reich des Verstehens, des Urteilens, auch des Vor-Urteilens, begeben.

Heideggers Denken kennt dieses Verhältnis von Denken und Handeln – das nämlich heißt: In-der-Welt-sein – nicht. Während Arendt das reine Denken auf den Raum der Philosophie beschränkt und den Raum der Welt dem Denken als Verstehen und Urteilen öffnet, kennt Heidegger keine Mit-Welt, die ihre eigenen Grenzen und Verpflichtungen setzt. Sein Denken ist einerseits grenzenlos; andererseits hat er für den Zugang zur Welt des Daseins den Schlüsselbegriff der „Gelassenheit", die die Einstellung dessen bestimmt, der etwas bestehen läßt, weil er es nicht ändern kann.

Arendts Freundin Mary McCarthy hat in jenem schon mehrfach erwähnten „Gespräch unter Freunden" in Toronto die Metapher des Raumes gewählt, um Arendts Denken zu charakterisieren. Sie sprach von: „[d]iese[m] Raum, den Hannah Arendt in ihrem Werk schafft und in den man sich hineinbegeben kann – mit dem erhebenden Gefühl, das man hat, wenn man durch einen Bogen in ein befreites Gebiet geht!" (IwV 111).

Doch liegt hier nicht ein Widerspruch vor? Wie kann ein Denken einen – noch dazu befreiten – Raum bilden, in dem ständig alles in Frage gestellt, zerstört, ver-urteilt wird?

Mary McCarthy spricht hier jene paradoxe Maxime Arendts an, aus der Erfahrung des Traditionsbruchs heraus den Raum der Freiheit neu zu begründen. Dies ist offensichtlich auch der Hintersinn jener provozierenden Formulierung, die Arendt im Gespräch mit Roger Errera gewählt hatte: „Ich bediene mich, wo ich kann. Ich nehme, was ich kann und was mir paßt." In der Anerkennung der Tatsache, daß das Denken geradezu traditionslos sein *muß*, liegt auch seine Fähigkeit begründet, neu anzufangen.

Natürlich hat diese Position Schwächen und trägt Spuren ihrer Zeit.

Das überragende Ereignis in Arendts Leben, das Emporkommen und die Herrschaft zweier mächtiger totalitärer Systeme, hat in mancher Hinsicht eine gewisse Engführung ihres Denkens bewirkt. So wäre beispielsweise zu fragen, ob man dem Phänomen der inneren Selbstpreisgabe demokratischer Ordnungen wirklich nahekommt, wenn man es ausschließlich auf die totale Herrschaft bezieht. Wenn das urteilende Denken sich einzig auf „totalitäre Elemente innerhalb der Demokratie" erstreckt – ein Argument, das Arendt während des Vietnamkrieges gegenüber der amerikanischen Regierung oder in ihrer Kritik der Meinungsmanipulation ins Spiel brachte –, dann geraten möglicherweise alltäglichere Erscheinungen der Erosion des demokratischen Gefüges aus dem

Blick, wie etwa die Veränderungen des inneren Gefüges der Nationalstaaten im Zeitalter der Globalisierung.

Hier über Erneuerungs- und Erosionspotentiale der modernen Demokratie weiter nachzudenken, heißt, die Historisierung des Arendtschen Werks zum Anlaß zu nehmen, das politische Denken in der Gegenwart weiterzutreiben. Stellt man also noch einmal die Eingangsfrage – was bleibt? – an das Arendtsche Denken, so fällt vor allem ins Gewicht:

Arendt hat das Geheimnis des Politischen in der Fähigkeit des Anfangen-Könnens, des Begründens und des Versprechens, wieder entdeckt, das im Mittelpunkt des Athenischen Denkens stand und in der Moderne in den Hintergrund trat. Diese Fähigkeit, die „jedem Handeln innewohnt", ist unzerstörbar. Diese quasi anthropologische Gewißheit – nicht zu verwechseln mit Fortschrittsoptimismus – erfordert freilich eine immer wieder beginnende Erneuerung des politischen Denkens für die gegebenen Umstände und Ereignisse.

Eine „Lösung" des Begründungsproblemes der modernen Demokratien kann man freilich von Arendt ebensowenig wie von anderen modernen Denkern erwarten.

Arendt hat weiterhin die Aufhebung der Trennung zwischen professionellem Denken (der „Denker von Gewerbe") und urteilender Einmischung in die öffentlichen Angelegenheiten eingefordert. Dies gilt auch und gerade im Bewußtsein, daß sie sich in einigen aktuellen Einschätzungen über die amerikanische, aber auch die europäische und deutsche Politik irrte. Doch dieses spontane Reagieren auf politische Ereignisse erhält einen Platz in der Hermeneutik: Auch das Vorurteil gehört zum Urteil; es ist sein Bestandteil, möglicherweise sogar seine Voraussetzung. In der dauerhaften Annahme der Herausforderung, daß menschliches Leben nur sinnvoll geführt werden kann, wenn es sich urteilend einschaltet in die Welt der anderen, liegt eine Leistung des Arendtschen Denkens. Freilich läßt Arendt ihre Leser allein mit der Frage, wie denn im Zeitalter der Arbeitsgesellschaft dieses sinnstiftende Urteilen befördert werden kann.

So hat Hannah Arendt einen neuen Typus der politischen Theorie herausgebildet: ein politisches Denken, das sich gegenüber der Erwartung, man könne die moderne Welt in ein geschlossenes wissenschaftliches System fassen, verschließt und statt dessen seinen Platz in dem Raum zwischen dem reinen Denken als An-Schauung der Welt und dem einmischenden Urteilen einnimmt.

Siglen

Texte von Hannah Arendt:

AA	Der Liebesbegriff bei Augustin
AB	Hannah Arendt – Heinrich Blücher: Briefwechsel
AH	Hannah Arendt – Martin Heidegger: Briefe
AJ	Hannah Arendt – Karl Jaspers: Briefwechsel
AS	Vor Antisemitismus ist man nur noch auf dem Monde sicher
CR/KV	Collective Responsibility (Kollektive Verantwortung)
DT	Denktagebuch
DU	Das Urteilen
EiJ	Eichmann in Jerusalem
EuU	Elemente und Ursprünge totaler Herrschaft
FAG	Fernsehgespräch Arendt – Gaus
IwV	Ich will verstehen
LG	Vom Leben des Geistes
MfZ	Menschen in finsteren Zeiten
NA	Nach Auschwitz
RV	Rahel Varnhagen
Sch	Die Schatten
ÜvR	Immanuel Kant: Über ein vermeintes Recht, aus Menschenliebe zu lügen
ÜR	Über die Revolution
Va	Vita activa oder Vom tätigen Leben
VuP	Verstehen und Politik
WP	Was ist Politik?
WuL	Wahrheit und Lüge in der Politik

ZVuZ	Zwischen Vergangenheit und Zukunft
ZZ	Zur Zeit. Politische Essays

Andere Texte

DwG	Julia Kristeva: Das weibliche Genie. Hannah Arendt
SGb	Max Weber: Soziologische Grundbegriffe
Y-B	Elisabeth Young-Bruehl: Hannah Arendt. Leben und Werk
ZeF	Immanuel Kant: Zum ewigen Frieden

Literatur

Quellen

Arendt, Hannah: „Denktagebuch", 2 Bde., München 2002.
Arendt, Hannah: „Vor Antisemitismus ist man nur noch auf dem Monde sicher. Beiträge für die deutsch-jüdische Emigrantenzeitung *Aufbau*", hg. von Marie Luise Knott, München/Zürich 2000.
Arendt, Hannah: „In der Gegenwart. Übungen im politischen Denken II", München/Zürich 2000.
Arendt, Hannah: „Macht und Gewalt", mit einem Interview von Adelbert Reif, München/Zürich, 13. Aufl. 1998.
Arendt, Hannah: „Vom Leben des Geistes. Das Denken. Das Wollen", hg. von Mary McCarthy, München/Zürich, ungekürzte Taschenbuchausgabe 1998.
Arendt, Hannah; Heidegger, Martin: „Briefe 1925–1975", Frankfurt/M. 1998.
Arendt, Hannah; McCarthy, Mary: „Im Vertrauen. Briefwechsel 1949–1975", ungekürzte Taschenbuchausgabe, Frankfurt/M. 1997.
Arendt, Hannah; Broch, Hermann: „Briefwechsel 1946–1951", hg. von Paul Michael Lützeler, Frankfurt/M. 1996.
Arendt, Hannah: „Ich will verstehen. Selbstauskünfte zu Leben und Werk", hg. von Ursula Ludz, München/Zürich 1996.
Arendt, Hannah; Blücher, Heinrich: „Briefe 1936–1968", hg. und mit einer Einleitung von Lotte Köhler, München/Zürich 1996.
Arendt, Hannah: „Diskussion mit Freunden in Toronto", in: dies.: „Ich will verstehen (Selbstauskünfte zu Leben und Werk)", hg. von Ursula Ludz, München/Zürich 1996.

Arendt, Hannah; Blumenfeld, Kurt: „... in keinem Besitz verwurzelt. Die Korrespondenz", hg. von Ingeborg Nordmann und Iris Pilling, Hamburg 1995.

Arendt, Hannah: „Zwischen Vergangenheit und Zukunft. Übungen im politischen Denken I", hg. von Ursula Ludz, München/Zürich 1994.

Arendt, Hannah: „Verstehen und Politik", in dies.: „Zwischen Vergangenheit und Zukunft. Übungen im politischen Denken I", hg. von Ursula Ludz, deutsche Erstausgabe, München/Zürich 1994.

Arendt, Hannah; Jaspers, Karl: „Briefwechsel 1926–1969", hg. von Lotte Köhler und Hans Saner, München/Zürich, Neuausgabe 1993.

Arendt, Hannah: „Was ist Politik? Fragmente aus dem Nachlaß", hg. von Ursula Ludz und mit einem Vorwort von Kurt Sontheimer, München/Zürich 1993.

Arendt, Hannah: „Eichmann in Jerusalem. Ein Bericht von der Banalität des Bösen", Leipzig 1990.

Arendt, Hannah: „Menschen in finsteren Zeiten", hg. von Ursula Ludz, München/Zürich 1989.

Arendt, Hannah: „Zur Zeit. Politische Essays", hg. und mit einem Nachwort versehen von Marie Luise Knott, München, 1989.

Arendt, Hannah: „Nach Auschwitz. Essays und Kommentare 1", hg. von Eike Geisel und Klaus Bittermann, 1. Auflage, Berlin 1989.

Arendt, Hannah: „Wahrheit und Lüge in der Politik. Zwei Essays", 2. Aufl., München/Zürich 1987.

Arendt, Hannah: „Elemente und Ursprünge totaler Herrschaft", ungek. Ausg., München/Zürich 1986.

Arendt, Hannah: „Das Urteilen. Texte zu Kants politischer Philosophie", hg. und mit einem Essay von Ronald Beiner, München/Zürich 1985.

Arendt, Hannah: „Rahel Varnhagen. Lebensgeschichte einer deutschen Jüdin aus der Romantik", München/Zürich, Neuausgabe 1981.

Arendt, Hannah: „Vita activa oder Vom tätigen Leben", München/ Zürich, Neuausgabe 1981.

Arendt, Hannah: „Collective Responsibility", in: Bernauer, James V. (Hg.): „Amor Mundi. Explorations in the Faith and Thought of Hannah Arendt", Boston 1978.

Arendt, Hannah: „Über die Revolution", München/Zürich, Neuausgabe 1974.

Arendt, Hannah: „Der Liebesbegriff bei Augustin", Berlin 1929.

Arendt, Hannah: „Die Schatten", Hannah Arendt Papers, 1925, Hannah Arendt-Zentrum Oldenburg, Cont. 79.16.

Andere Literatur

Kristeva, Julia: „Das weibliche Genie. Hannah Arendt", Berlin 2001.

Kant, Immanuel: „Über ein vermeintes Recht aus Menschenliebe zu lügen", in ders.: „Die Metaphysik der Sitten", Werkausgabe Bd. VIII, hg. von Wilhelm Weischedel, Frankfurt/M. 1993.

Kant, Immanuel: „Zum ewigen Frieden. Ein philosophischer Entwurf", in: ders.: „Schriften zur Anthropologie, Geschichtsphilosophie, Politik und Pädagogik 1" Werkausgabe Bd. XI, hg. von Wilhelm Weischedel, Frankfurt/M. 1993.

Young-Bruehl, Elisabeth: „Hannah Arendt. Leben, Werk und Zeit", Frankfurt/M. 1986.

Weber, Max: „Soziologische Grundbegriffe", 6. erneut durchgesehene Auflage mit einer Einführung von Johannes Winckelmann, Tübingen 1984.

Jaspers, Karl: „Max Weber. Deutsches Wesen im politischen Denken, im Forschen und Philosophieren", Oldenburg 1932.

Register

Adams, John 111-112
Adorno, Theodor W. 36, 89
Agriculture et Artisanat 47-48
Antike, griechische 12, 32, 82
Antisemitismus 9, 14-16, 18, 22, 38, 44, 46, 48, 51, 58, 60-65
Arendt, Martha 13
Arendt, Max 13
Arendt, Paul 13
Auf der Suche nach der verlorenen Zeit 61
Aufbau 55, 58

Banalität des Bösen 93-95, 100
Beiner, Ronald 115
Ben Gurion, David 97
Benda, Julien 147
Benjamin, Walter 43, 53
Beradt, Charlotte 80
Blücher, Heinrich 15, 33, 49, 53, 55-56, 60
Blum, Léon 46
Blumenfeld, Kurt 27, 32, 44-45, 57
Brecht, Bertolt 53
Brinckmann, Carl Gustav von 38
Broch, Hermann 43
Brzezinski, Zbigniew 72
Bultmann, Rudolf 23

Char, René 58, 146
Commision on European Jewish Cultural Reconstruction 76
Conrad, Joseph 61

d'Urquijo, Don Raphael 39
Denken 8-11, 17, 21, 23, 25-26, 29, 31, 43, 46, 58-59, 72-75, 79, 81, 83, 86, 88-90, 94, 99-101, 103, 114, 116-121, 124, 129, 132, 135-136, 139-140, 143-150
Derrida, Jacques 138
Descartes, René 80
Disraeli, Benjamin 63, 67
Dreyfus, Alfred 46, 64, 107

Eichmann in Jerusalem 9, 91
Eichmann, Adolf 9-10, 91-99, 117, 119, 124
Elemente und Ursprünge totaler Herrschaft 9-10, 42-43, 48, 54, 59-61, 68, 70, 74, 77, 81, 89, 93, 100, 107, 109, 113, 115, 122, 137, 140
Errera, Roger 57, 146, 149
Erzberger, Matthias 20
Exil 10, 17, 33, 37, 47, 49, 55, 59

Finckenstein, Graf 39
Fraenkel, Ernst 71

Freiheit 12, 18, 38, 51, 66, 79, 81-83, 86-88, 90, 100-102, 105-107, 111-112, 122-124, 126, 132, 143, 145, 149
Friedrich, Carl J. 72

Gaus, Günter 7, 11, 45, 97
Gebürtlichkeit 41, 81, 86-87, 123, 126, 132, 140
George, Manfred 55
Gilbert, Robert 49
Gleichheit 12, 38, 83, 112
Grumach, Ernst 16, 24, 26
Gründung 9, 11, 48, 57, 97, 100, 102-103, 106-107, 109-113, 123, 126, 129
Guardini, Romano 18

Handeln 10-11, 46, 58, 60, 72, 74, 78-83, 85-88, 90, 101-104, 106-108, 114, 123, 126-132, 134-143, 145, 148, 150
Hartmann, Nicolai 23
Hausner, Gideon 94
Hegel, Georg Friedrich Wilhelm 53
Heidegger, Martin 11, 20, 24-27, 29-30, 35-36, 45-46, 49, 73, 76, 80-81, 116-118, 120-122, 145, 147-148
Herrschaft, totale 10, 43, 58, 60, 65, 70-78, 81, 85, 90, 92-94, 99-100, 103, 112, 122, 136-137, 139-140, 142-143, 145, 149
Herstellen 78-79, 85-88, 90
Herzl, Alexander 22
Hitler, Adolf 34-35, 44-45, 136
Hobbes, Thomas 104, 129
Husserl, Edmund 20, 23, 26-27

Imperialismus 60-61, 64-67, 107
Israel 9, 57, 91, 96-97

Jaspers, Karl 7, 15, 20, 23, 27, 29-32, 56, 59-60, 73, 76, 80, 93, 97, 99-100
Judentum 13, 37, 40-42
Jugend-Aliyah 48

Kant, Immanuel 17, 24, 73, 115, 117-119, 123-124, 135, 140-143
Klenbort, Chanan 47
Kojève, Alexandre 53
Konzentrationslager 10, 22, 53
Kristeva, Julia 8

Landau, Moshe 92
Lawrence of Arabia 61
Lefort, Claude 133
Lenin, Wladimir 65, 84
Levin, Rahel 33, 36-40
Lichtenstein, Heinz 16
Liebe 11, 17, 25, 27, 29-30, 35-37, 39-40, 49, 100
Liebesbegriff bei Augustin 9, 27, 29
Litten, Jens 16
Locke, John 104, 139
Lüge 43, 98, 137-138, 140
Luxemburg, Rosa 13, 43, 65, 109

Machiavelli, Niccolò 128, 139
Macht 8-9, 12, 45, 66, 81, 90, 104-110, 113, 122, 129-133, 139, 144
MacPherson, C.B. 114
Madison, James 108
Magnes, Judah 57

Mann, Heinrich 92
Mann, Thomas 22
Marx, Karl 66, 73, 78, 83-85, 147
McCarthy, Mary 97, 114-115, 123, 149
Meir, Golda 97
Mendelssohn, Anne 16, 27, 53
Menschen in finsteren Zeiten 9, 43, 53
Mommsen, Hans 8
Montesquieu, Charles-Louis de 73, 105-106, 139, 144
Morgenthau, Hans 35

Natalität 11
Nation 9, 16, 64, 107-109, 147
Nationalismus 64
Nationalsozialismus 27, 46, 56, 59, 70-71, 76, 121, 135
Neo-Hegelianer 20-21
Neo-Kantianer 20-21
Neo-Platoniker 20-21
Neumann, Franz 72
Nietzsche, Friedrich 73

Öffentlichkeit 11, 38, 73, 85, 112, 126, 137, 139

Palästina 22, 47-49, 56-57
Paria 9, 40, 42-43, 48-50, 52, 58, 115, 147
Parvenu 40-43, 48-50, 115
Platon 27
Politik 7, 22, 48, 52, 74, 96-99, 101, 128-135, 137-139, 150
Politische, das 104, 124-126, 128-129, 131, 133-134, 144, 150
Proust, Marcel 61

Rahel Varnhagen 9-10, 30, 33-36, 40-43, 48-49, 63, 115
Rathenau, Walter 20
Raum 22, 45, 75, 77-79, 81-84, 87-88, 100, 102, 104, 125-129, 131-132, 137-138, 143, 145, 148-149
Raum, öffentlicher 8, 38, 81, 83, 87, 102, 128, 130, 139, 142-143
Religion 13, 57
Revolution 65, 88, 90, 99-100, 102-105, 107-109, 111-113
Rousseau, Jean-Jacques 104

Sartre, Jean-Paul 53
Scholem, Gerhard 7, 95-96
Scotus, Duns 73
Sièyes, Abbé 107-108
Staat 9, 16-17, 56, 63, 67, 69, 103, 105, 108, 129, 143
Stalin, Josef 59, 69-70, 135-136
Stern, Günter 27, 36, 47, 53, 55

Terror 60, 70-72, 75, 98, 112
Tillich, Paul 36
Tocqueville, Alexis de 73
Totalitarismus 7, 55, 73-75, 77, 90, 145
Tradition 20, 54-55, 59, 67, 118, 120, 142, 145
Tyrannei 71

Über die Revolution 87, 99, 103, 110, 113, 115, 126
Urteilen 10, 43, 72, 90, 94-95, 114-116, 120, 124, 139, 145, 148

Varnhagen, Karl August 39, 41
Varnhagen, Rahel 33-39, 42

Verantwortung, politische 76-77
Verlassenheit 10
Versailler Friedensvertrag 19-20
Verstehen 11, 43, 61, 72-74, 123, 131, 144, 148
Vertrauen 46
Vita activa oder Vom tätigen Leben 77-78, 80-81, 89-90, 99-100, 103-104, 110, 112-117, 125-126
Vom Leben des Geistes 10, 89, 94-95, 114, 116-117, 122-123, 136

Wahl, Jean 53
Weber, Alfred 21
Weber, Max 21, 31, 106, 129
Weltlosigkeit 10, 122
Wiese, Benno von 24, 27, 45
Wilhelminismus 17
Wollen 10, 94, 114, 116-117, 122

Young-Bruehl, Elisabeth 10, 12, 36, 48

Zionismus 27, 32, 40
Zur Sache des Denkens 145
Zweig, Arnold 53